〝逸話のこころ〟たずねて

——現代に生きる教祖のおしえ

道友社編

道友社

はじめに

本書は、立教一七一年（平成二十年）から一七五年にかけて『天理時報』に掲載された同名の連載をまとめたものです。

『稿本天理教教祖伝逸話篇』には、先人たちが教祖《おやさま》から頂戴《ちょうだい》した数々のお言葉と、そのお言葉をもとに信仰の歩みを進めた道すがらが記されています。これらの逸話はようぼくにとって、教祖のお姿を彷彿《ほうふつ》させるとともに、先人たちの人となりや信仰の歩みを身近なものとして味わう手がかりになるものです。

本書は、先人たちの子孫に当たる人々が、逸話の背景などを踏まえながら先人たちの道すがらを紹介し、〝逸話のこころ〟を現代に生かすヒントを提示しています。

教祖百三十年祭へ向かうこの旬に、日々の暮らしの中で教えに基づく生き方を心がけ、お道の信仰者としての心構えや態度を見いだす一助として、ご活用いただければ幸いです。

なお、編集に当たり、各話は逸話篇の掲載順に並べ、執筆者の立場は現在のものに改めています。

立教一七六年九月

編　者

目　次

〃逸話のこころ〃たずねて——現代に生きる教祖のおしえ

九「ふた親の心次第に」

辻　忠作（一八三六〜一九〇五）

■逸話要旨

文久三年七月の中ごろ、辻忠作《つじちゅうさく》の長男由松《よしまつ》は、当年四歳であったが、顔が青くなり、もう難しいというほどになったので、忠作の母おりうが背負うて参拝したところ、教祖は「親と代わりて来い」と仰せられた。

それで、妻ますが背負うて参拝したところ「ふた親の心次第に救《たす》けてやろう」とお諭しいただき、四、五日ほどで、すっきりとおたすけいただいた。

神一条に通った〝頑固者〟

辻 靖之《つじ・やすゆき》 本部准員

忠作が入信したのは文久三（一八六三）年三月、二十八歳のころ。ようやくお屋敷に人々が寄り集い始めたころで、いわば忠作は、お道の初期の信者の一人である。

『稿本天理教教祖伝』や『逸話篇』に度々登場し、いち早く教祖の教えを聞いた忠作のことを、人は〝偉人〟のように思うことがあるかもしれないが、実は忠作はかなり癖性分《くせしょうぶん》が強かった。とにかく気が短く、負けず嫌いの頑固者であった。

妹の身上を機に入信

忠作は天保七（一八三六）年一月二十七日、お屋敷の北側にある豊田村《とよだ》（現・天理市豊田町）

で、農家の父・忠作と母・おりうの長男として生まれた。幼名を忠右衛門といい、二十三歳のころに父が亡くなり、辻家の戸主となったのを機に改名した。

根っからの働き者で、一年三百六十五日の間に、その三倍の一千日分の働きをするので、村人たちから「千日さん」と呼ばれた。

そんな忠作の入信の動機は、十九歳の妹・くらの気の病だった。親代わりの忠作は、妹をたすけたい一心で、奈良の二月堂へ願掛けに行く途中、櫟本村《いちのもと》(現・天理市櫟本町)の梶本家へ寄った際、叔母《おば》・きみから「庄屋敷村《しょやしき》にお参りしてみなはれ」と言われた。

それでも忠作は、まずは当時一番の御利益《ごりやく》があるといわれた二月堂へお参りをして、水垢離《みずごり》を取って一生懸命に祈った。

しかし、妹の病は一向に良くならず、忠作は、ふと叔母の言葉を思い出し、藁《わら》にもすがる思いで、お屋敷へと向かったのである。その際、教祖は「此所《この》八方の神が治まる処《ところ》、天理王命と言う。ひだるい所へ飯《まま》食べたようにはいかんなれど、日々薄やいで来る程に」と仰せられた。

忠作は光明を見た思いで家へ帰り、教えられた通りに朝夕、拍子木を叩《たた》いて「なむ天理王命、なむ天理王命」と一心不乱に祈った。ところが、妹の病は少し良くなっては、また悪くなるというような状態だった。

叔母を通して教祖に伺うと、「つとめ短い」とのお言葉があった。そのとき、忠作はハッとした。元来せっかちな性格で、おつとめの時間を計る目安としていた線香を半分に折って、お祈りをしていたのだ。

教祖のお言葉に恐れ入った忠作は、心からお詫《わ》びを申し上げ、それからは一本の線香が燃え尽きるまでおつとめを勤めた。すると、妹の病は日に日に薄紙をはぐように回復し、四カ月ほどですっきりとご守護いただいたのである。

負けず嫌いの性格ゆえ

表題の逸話は、そんな入信間もないころのエピソードである。

文久三年七月、忠作の当時四歳になる長男・由松が急にひきつけを起こし、見る見る顔が青くなって重体に陥《おちい》った。

忠作の母・おりうが背負ってお屋敷へ駆け込むと、教祖は「親と代わりて来い」との仰せ。

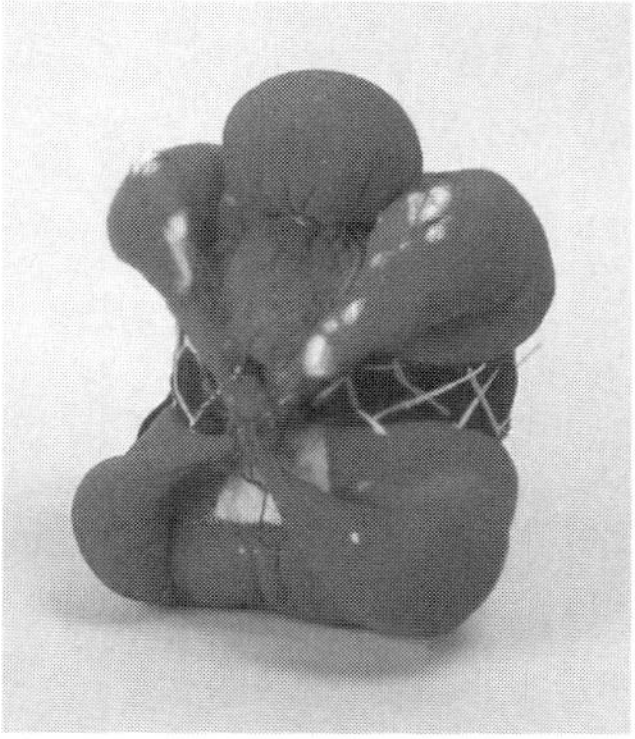
教祖から頂いた手作りの庚申《こうしん》ザルのぬいぐるみ（辻家蔵）

そこで、妻・ますが背負っていくと、「ふた親の心次第に救けてやろう」と、お諭しがあった。

その後、四、五日で長男の身上をご守護いただいた忠作夫妻は、何らかの心定めをしたのだろう。また「ふた親」とは、母・おりうと妻・ますの二人の母親を指してのことだったのかもしれない。

いずれにせよ、この長男の身上を通して、忠作は少しは信心を深めたことだろうが、まだまだ〝本物の信仰者〟とはいえなかった。

実は忠作は、庄屋敷の神様を、をびやと疱瘡《ほうそう》除《よ》けの神様と思っていた節がある。

翌年の元治元（一八六四）年には、忠作自身がひどい歯痛に悩まされるが、呪《まじな》いや薬で治ると、妹や息子をたすけられたことも忘れて、その後二年ほど、お道から離れてしまう。ただ同年、つとめ場所の普請の際、忠作が瓦を引き受けていることから、時々思い出したかのように参拝していたのだろう。

一方、このころから教祖は、熱心な信者に扇、御幣《ごへい》、肥のさづけをお渡しくだされている。

そうしたなか、同じ豊田村で同じ時期に信仰を始めた仲田儀三郎が、この三つのさづけを頂いた。そのことを聞いた忠作は「こら、しもうた」と悔しがった。早速、お屋敷へ向かうと、教祖から「このところ、よろづたすけ」とのお言葉があり、このとき忠作は初めて、出産や疱瘡だけでなく、よろづたすけの神様だと知ったのである。

以来、「さよみさん（儀三郎のこと）の行く限り、誰《だれ》がなんと言おうと行く」と、毎日お屋敷へ通い詰めた。負けず嫌いな忠作らしいエピソードである。

ちなみに、忠作も御幣と肥のさづけを頂いたが、その拝戴《はいたい》した年については、元治元年と、その二年後の慶応二（一八六六）年の二つの説がある。

神の話を取り次ぐ日々

忠作は、お屋敷へ通い始めてからというもの、素直にお道を通った。日中は農作業に精を出し、夕飯を食べるのももどかしく、毎日お屋敷へ駆けつけては、教祖から直々《じきじき》に教えを受けた。

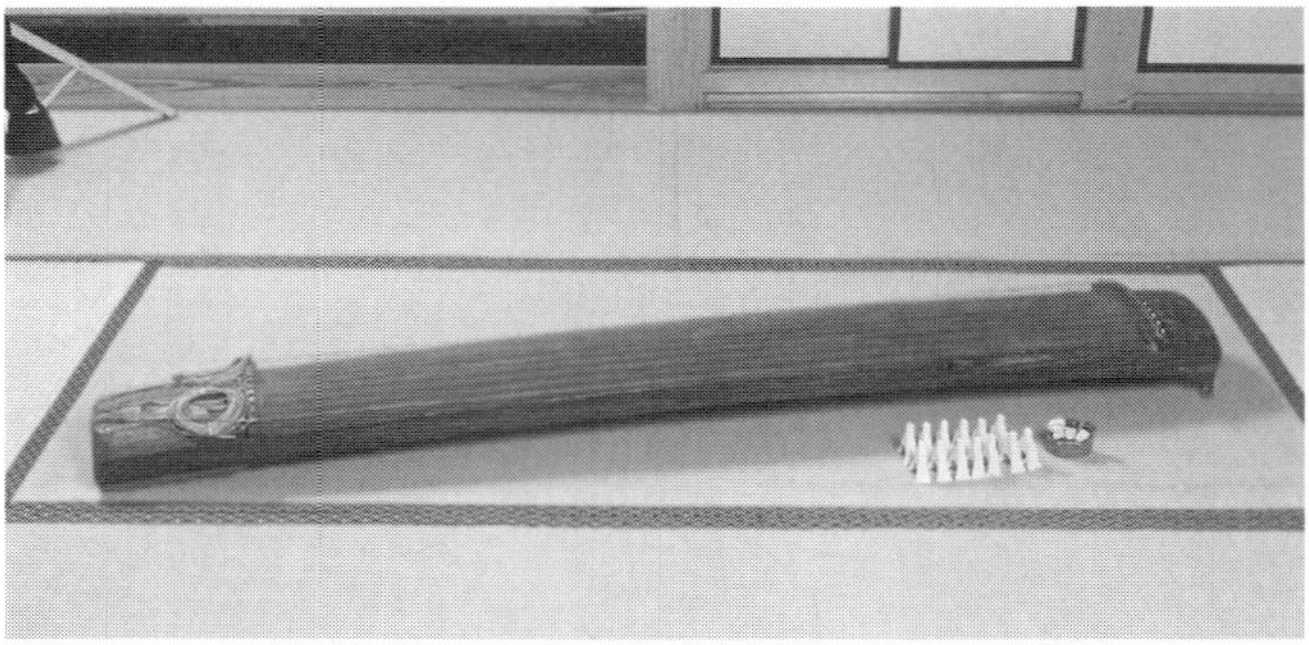

娘・とめぎくが教祖から「琴を習いや」
と仰せつかり、忠作が買い求めた琴

常に教祖のお側《そば》にいた忠作は、教祖と共に監獄に留置されたり、警察から信仰をやめるよう強要されたりした。それでも、履き替え用のわらじを二つ三つも腰に結んで人だすけに歩き回り、ついには警官をして「根限り信仰してみよ。その代わり本官も根限り止めてやる」と言わしめている。

明治十九（一八八六）年、大病を患ったのを機に、忠作は家業を息子に任せて道一条となり、一日中お屋敷に詰めて神様の話を参拝者へ取り次ぐようになる。その話しぶりは有名で、お屋敷に人がやって来ると、自ら飛び出していってまで取り次ぐ。話に熱中する忠作は、小机を抱えてぐいぐいと前へ出てくる。相手は唾《つば》がかかるので後ずさる。すると、また忠作は前へ出る。こうして、いつの間にか、部屋を一周するということも珍しくなかったという。

晩年、中風《ちゅうぶう》になって病の床に就いても、忠作は出直す直前まで、見舞いに来た人に神様の話を取り次いだと伝え聞く。

純真無垢に信じきって

さて、こうして忠作の人生を振り返ると、表題の逸話を拝読しただけでは分からない〝辻忠作像〟が見えてくる。

入信当初は、喉元《のどもと》過ぎれば何とやらで、妹や息子をたすけられたことも忘れ、そのたびに自身に身上を見せられていた忠作。その人間くさい姿は、現代に生きる私たちにも、身近に感じられるのではないだろうか。

誰もが皆、信仰を始めたときから熱心に神一条に通れるわけではない。忠作のように、ついつい人間心によって、お道から遠ざかったり、事あるごとに悩んだりすることもあるだろう。それだけに、忠作が入信間もなく教祖から頂戴した「心次第に」とのお言葉を、筆者は興味深く感じる。

お屋敷へ通い始めた忠作は、教祖から心のあり方について何度もお仕込みいただいている。

あるとき、忠作は「人から神様があるなら見せなさいと言われたら、どう答えればよいですか?」と伺った。この質問に、教祖は、「あるといえばある、ないといえばない。ねがうこころの誠から、見えるりやくが神の姿やで」と、優しくお諭しくださっている。

こうした教祖のお言葉を、忠作は子供のように純真無垢《むく》に信じきったのだろう。だからこそ、のちにお屋敷に常駐し、教祖から聞かせていただいた神様の話を、熱心に取り次いだのだと思う。

信じるから「信仰」なのである。癖性分の強い忠作だが、教祖を信じること、その一点だけは揺るがなかった。

後年、忠作はこう話している。

「頑固やから、人に笑われそしられながらも、今日までこうして信心できたんや」

一六「子供が親のために」

桝井伊三郎（一八五〇～一九一〇）

■逸話要旨

桝《ます》井《い》伊《い》三郎《さぶろう》は、母キクが病気で危篤《きとく》となったので、伊《い》豆《ず》七条《しちじょう》村からお屋敷へ帰り、教祖に母親をたすけてほしいとお願いした。

ところが、教祖は「せっかくやけれども、身上救《たす》からんで」と仰せになった。

伊三郎は、そのまま引き下がって家へ帰ったが、再びお屋敷へ戻って、教祖に懇願した。

しかし、教祖は「気の毒やけれども、救からん」と。

教祖の仰せだけに、伊三郎は「やむをえない」と家へ帰ったが、病気の母を見ていると、ジッとしていられず、また教祖の元へ向かった。

すると、教祖は「救からんものを、なんでもと言うて、子供が、親のために運ぶ心、これ真実やがな。真実なら神が受け取る」と仰せくだされた。

キクはたすからん命をたすけていただき、八十八歳まで長命させていただいた。

教祖に受け取っていただく真実とは

桝井幸治《ますい・こうじ》 本部員

この逸話を読み深めるためにも、まずは伊三郎の母・キクの信仰について述べたい。

もともと神信心が好きだったキクは文久三（一八六三）年、三十九歳のとき、夫が喘息《ぜんそく》となり、なかなか治らないので、近くはもとより二里三里離れたところに祀《まつ》られている神仏にまでお願いした。

しかし、どうしても夫の身上は平癒《へいゆ》しない。そのとき隣家の矢追仙助《やおいせんすけ》から「庄屋敷の神さん」を勧められ、その足でお屋敷へ駆けつけ、教祖にお目通りさせていただいた。

教祖は「待っていた、待っていた」と温かなお言葉をかけてくだされ、「あんた、あっちこっちとえらい遠廻《ま》わりをしておいでたんやなあ。おかしいなあ。ここへお出《い》でたら、皆《み》んなおいでになるのに」と優しくお笑いになった。

夫の喘息が治らずに悩んでいるキクに、お屋敷へ来たならば、いかなる願いもたすけていただけることを、分かりやすいお言葉で得心できるようにお諭しくだされたのである。

このお言葉を聞いて、キクは「ほんに成《な》る程《ほど》、これこそ本当の親や」と、なんとも言えぬ慕わしさが胸の底まで染みわたり、強い感激に打たれたという（逸話篇一〇「えらい遠廻わりをして」参照）。

その後、キクはこの道一筋となり、お屋敷へ足繁《あししげ》く通うようになったと伝え聞く。

こうして翌年の元治元（一八六四）年、伊三郎十五歳のとき、母・キクに連れられて初めてお屋敷へ帰ったのである。教祖をお慕いし、お屋敷へ運ぶキクの姿をずっと見てきた伊三郎は、母のするままにお屋敷の農事のお手伝いをした。そんな親子の姿が目に留まったのか、伊三郎は教祖にお目通りさせていただいたのである。

それからというもの、伊三郎はいつも母に付き添ってお屋敷へ帰った。母が帰れないときは、一人で足を運んだという。

こうしたエピソードから、教祖の教えをわが子に伝えたいという母・キクの親心をうかがうことができるだろう。

「救からん」との仰せでも

さて、「子供が親のために」の逸話は、キクが病気にかかり、危篤状態に陥《おちい》ったときの話である。伊三郎は、どうしても母にたすかってほしいと、夜の明けるのを待ちかねて、伊豆七条村（現・大和《やまと》郡山《こおりやま》市伊豆七条町）からお屋敷まで五十町（約五・五キロ）の道のりを歩いて、教祖におたすけくださるようお願いした。

一度目も二度目も、教祖は「身上救からんで」と仰せになり、そのたびに伊三郎も「やむをえない」と得心して家へ戻った。しかし、病の床で苦しんでいる母の姿を見ていると、教祖を

伊豆七条村からお屋敷へ通じる現在の農道。伊三郎は身上の母を思い、約5・5キロの道のりを日に三度往復した

お慕いしてお屋敷へ足繁く運んだ母の姿が目に浮かび、なんでもどうでもたすけていただきたいと思わずにはいられなかったのだろう。教祖は「救からん」との仰せであるが、伊三郎は子供としてじっとしていられず、すでに二往復して疲れていたにもかかわらず、なおも教祖の元へお願いに上がったのである。

お屋敷に着いたときには夜になっていた。もう教祖はおやすみになったと聞かされたが、さらにお願いした。すると、教祖は「救からんものを、なんでもと言うて、子供が、親のために運ぶ心、これ真実やがな。真実なら神が受け取る」と仰せくだされ、母・キクは、たすからん命をたすけていただいたのである。

教祖は見抜き見通しであらせられる。二度も「救からん」との仰せであったが、母を思う伊三郎がなんでもどうでもと精いっぱいに運んだ真実をお受け取りくだされたのだ。たすけていただいたキクと伊三郎の喜びは、言葉に尽くせないほどであったろう。このときの感激により、二人は教祖をお慕いする気持ちを一段と強め、ますます熱心に信心するようになったのである。

たすかる種がなければ

この逸話から、現代に生きる私たちが学ぶべきことは、いかなることであろうか。

それは、教祖におすがりして真実の心を運び、それをお受け取りいただくよりほかに、たすけていただく道はないということである。そしてそれは、いまも変わらぬ私たちようぼくの信仰態度だと思う。

教祖の思召《おぼしめし》は、世界中の可愛《かわい》い子供を一人残らずたすけ上げたいとの親心である。しかし、たすける種がなければたすけられん、ともお教えいただく。この逸話における〝たすかる種〟とは、伊三郎が親のために運ぶ心、つまり親孝心であった。教祖は、その種を真実として受け取られたに違いない。

私たちが父や母に尽くす親孝心は、親からさらにその親へと代々さかのぼって、元の親である親神様への孝心として受け取っていただけるのであろう。つまり親孝心とは、人の踏み行うべき大切な徳目というだけでなく、この道を歩むうえでの実に重要な角目《かどめ》なのである。

親子の絆弱まる現代に

混迷を極める現代社会において、家族の絆《きずな》の弱まりが指摘されている。親神様の思召を知らず、我《われ》さえ良くばという自己中心的な心づかいが、親子の間柄を希薄なものにしている。私たちは、この世に生を受けて以来、親に守られて育てていただいた恩を、ついつい忘れてはいないだろうか。親への恩は、自ら子供を授かり、親となって一層強く感じるものかもしれないが、若いからといって親孝心をおろそかにしてはいけない。

伊三郎は年若くして教祖にお導きいただき、親孝心を教えていただいた。このことから、私たちも早くから親に喜んでもらえる心で通るようにと、教えていただいているのではないだろうか。

親の恩を感じる心は、感謝の心や喜びを感じる心に通じる。日々の生活の中で率先して親孝心を実践している姿は、その子にも確実に伝わるはずである。親の姿の通りに子供は通るからである。

子供が親のために運ぶ心は真実である。それを身をもって実践した伊三郎は、親神様・教祖の御心を思って運ばせていただく心は真実だと悟ったことだろう。

こうして、伊三郎が若くして教祖の親心を頂き、おぢばにつないでいただいたおかげで、今日の桝井家があることを思えば、心引き締まる思いがする。日々、親神様・教祖のご守護を頂き、結構にお連れ通りいただいているご恩を深く味わい、感謝と喜びの心で、ご恩報じの道を歩ませていただきたいと思う。

この道を信仰している、一生懸命に御用をつとめていると思っていても、教祖にお喜びいただけないような通り方では、お受け取りいただけない。教祖の御心をしっかりと分からせていただき、教祖の仰せを素直に実行させていただきたいものである。

二一「結構や、結構や」

山中忠七（一八二七～一九〇二）

■逸話要旨

慶応四年五月中旬、山中忠七《やまなかちゅうしち》が入信して五年目のこと。毎日大雨が降り続いて、あちこちの川が氾濫《はんらん》し、田や家が流れるという大洪水が起こった。

忠七の家でも、持山《もちやま》が崩れて大木が一時に埋没し、田地《でんじ》が一町歩（三千坪）ほども土砂に埋まってしまうほどの大きな被害を受けた。

このとき、かねてから忠七の信心を嘲笑《あざわら》っていた村人たちは、「あのざまを見よ。阿呆《あほ》な奴や」と思いきり罵《ののし》った。

それを聞いた忠七は残念に思い、早速お屋敷へ帰って教祖に伺うと、「さあ〳〵、結構や、結構や。海のドン底まで流れて届いたから、後は結構やで。信心していて何故《なぜ》、田も山も流れるやろ、と思うやろうが、たんのうせよ、たんのうせよ。後々《あとあと》は結構なことやで」とお聞かせくだされた。

忠七は、大難を小難にしていただいたことを、心から親神様にお礼申し上げた。

突然の大節に心倒しかけたときの思案

山中 忠太郎 本部准員・大和《やまと》眞《まこと》分教会長

やまなか・ちゅうたろう

お屋敷から南へ約八キロの大豆越《まめこし》村（現・桜井《さくらい》市大豆越）在住の山中忠七が、初めて教祖にお目にかかり、お言葉を頂戴《ちょうだい》したのは文久四（一八六四）年正月半ばのことであった。

家族に節が相次ぐなか入信

その二年前、家族に大節が相次いだ。長男（彦七）の大病、三女、父、長女の出直しに続き、妻・その｜も痔《じ》の病で徐々に衰弱し始めたのである。一年の間に三度の葬式を出し、二人の病人が出るというありさまであった。

忠七は亥年生《いどし》まれで剛気であったが、さすがにこのころは、うつむいて涙ぐむこともあったという。

妻の衰弱は続き、もはや死を待つしかないという状態に立ち至ったとき、にをいが掛かり、教祖にお目通りさせていただいた。

そのとき「おまえは、神に深きいんねんあるを以《もっ》て、神が引き寄せたのである程に。病気は案じる事は要《い》らん。直《す》ぐ救《たす》けてやる程に。その代わり、おまえは、神の御用を聞かんならんで」（逸話篇一一「神が引き寄せた」）とのお言葉を賜《たまわ》ったのである。そして、三日間欠かさず参るようにと仰せられたという。

忠七は、お言葉に従って日参を始めたが、三日を経ても妻の身上に回復の兆しなく、心を倒しそうになった。気を取り直して四日目、お屋敷に参らせていただいたところ、「神がその心を見定めようとて色々に手入れした。それにも飽かず今日はよう来た。たすけてやろ、案じることは要らん」とのお言葉があり、足かけ三年も病んでいたそのは、わずか十日で、すっきりとご守護いただいたのである。

忠七の日参は、その後も続いた。「神様にいかなるご奉公もさせていただきます」とお誓い申し上げるなか、教祖からじっくりと、十全の守護やいんねんの理を聞かせていただくようになり、教祖の御苦労の道すがらもだんだんと分からせてもらうころには、お屋敷へ帰る際、常に真っ赤な袋に白米を一升入れて持参することを忘れなかった。

「一升と言わず、五斗俵でお供えさせていただけば、神様はどのようにお喜びくださるかしれない」と言う妻や娘の言葉にも、「毎日毎日こうして運んでくれるのが結構や」との教祖の仰せのまま、白米を携えての日参を続けたのである。このことは、たとえ少しずつでも毎日をやにに心をつなぐことが、信仰者として大切であるとお示しくだされたのだと思う。

嘲笑されても「教祖第一」に

忠七が、この当時いかに「教祖第一」と考えていたかを示すエピソードがある。

入信の翌年、元治二（一八六五）年の正月は、大和神社事件の後始末で、山中家の正月も極めて寂しいものであったという。そのとき忠七は、いかに経済的に苦しかろうとも、妻が危篤《きとく》状態であった一年前の正月に比べて、家族の者がそろって達者であることが、いかにありがたいか。また、教祖は自分たちよりずっと御苦労くだされているのだから、自分たちがお餅《もち》を頂くより、まず教祖に召し上がっていただかねばならんと、家族の者に言い聞かせたそうである。

一方、こんな話もある。家業である農業を人任せにして、自ら毎日お屋敷へ運ぶ姿は、当時の社会通念からすれば、さぞかし常識外れと人々の目に映ったに違いない。村人からは「狐《きつね》や狸《たぬき》にだまされてしまっている。もう、家もしまいや」と嘲笑《ちょうしょう》され、ずいぶんつらい思いもしたらしい。鎮守社の祭礼の日には「近在にこれほどの阿呆はいない」と、あからさまに笑われたという。

慶応２年、教祖から頂いた永代の物種。「麦種」「米種」「いやく代」「酒代油種」と教祖が直筆された紙包み（上）と、それらが納められていた壷（下）
（大和眞分教会蔵）

さすがの忠七も、これはつらかったらしく、今日はおぢばへ帰る気がしないと、鍬《くわ》を担いで野良仕事へ出かけたが、鍬を振り上げて畑仕事にかかろうとすると、体の自由がきかない。そこで、申し訳なかったとお詫《わ》びしたところ、また体が自由になるので、再び鍬を担いで帰り、気を取り直しておぢばへ足を運ばせていただいたということであった。

教祖から直々《じきじき》にいろいろとお話を聞かせていただいて、それが心に治まったように見えても、人間思案がしばしば見え隠れする忠七の人間くささを感じる。

にもかかわらず、教祖は忠七を辛抱強く導いてくださっている。慶応元（一八六五）年陰暦八月十九日には、教祖が忠七宅にお入り込みくだされ、二十五日まで滞在された。忠七が「肥のさづけ」（逸話篇一二）を頂戴したのも、このときである。家のことを心配せず、神様の御用に励むことができるようにとの、まことにありがたい親心であった。さらに、その翌年（慶応二年）には「永代の物種」という宝物まで頂戴している（逸話篇一五）。

「結構や」と重ねて仰せくだされ

表題の逸話にある慶応四年には、梅雨時分に各地で大雨が降り、水害が多発したとの記録が残っている。大和《やまと》に隣接する山城《やましろ》（京都南部）地方でも木津川《きづがわ》が氾濫して、被害は甚大《じんだい》であったらしい。

忠七の家でも、持山が崩れ、田地も土砂に埋まるという事態に見舞われた。信仰しているのに、どうしてこのような不幸なことが起きるのか。現在の私たちも遭遇《そうぐう》する可能性のある自然災害である。

このとき教祖は、忠七の心づかいや行いについては何もふれられず、「結構や、結構や。海のドン底まで流れて届いたから、後は結構やで」と仰せになった。「結構や」というお言葉は最初、忠七の心にどう響いたのか、うかがい知ることはできない。

しかし、神様とお慕い申し上げる教祖が、「結構や」と重ねて仰せくだされたことで、忠七は「これは結構なことなんだ」と受けとめたのではないか。そして、これまでお聞かせいただいたお話をもとに思案を深めてみると、「なるほど結構」と心に治まったのではないだろうか。

つまり、このお言葉は、節に出合ったときの私たちの思案の要《かなめ》を示しておられるように思う。田畑が水害に遭《あ》うことは、忠七の人生において避けることができなかった、通らなければならなかったことではないか。信仰していたにもかかわらず、つらい目に遭ったということではない。もし信仰していなければ、もっと大きな被害に見舞われたかもしれない。それが、田畑と持山だけで済んだ。こんなにありがたいことはない、と悟ることもできる。

しかも「ドン底まで流れて届いた」とは、これほどの悪いことはもう起こらない、ということとも受け取れる。ことほど左様《さよう》に、何ごとも大難を小難にしていただいたと喜ぶことが大切だと、教祖は仰せくださっているのであろう――と。

人生におけるさまざまな節は、確かにつらいものだけれど、実はその中に、親神様の深く温かい親心が込められている。そのことを心の底から信じきり、節の中にご守護や喜びを見いだし、たんのうして、それまで以上に報恩の道を歩むことで、信仰はいっそう深まるのである。これこそ、節を生かす通り方であろう。

この逸話は、成ってくることの根底に込められた、親神様の温かい親心について語られたものであると思う。

節があるから竹も折れにくいように、私たちの信仰も時折の節があってこそ、よりいっそう強くしなやかになる。教祖がひながたにお示しくだされているように、どんな中も心倒さず、「後々は結構なことやで」とのお言葉を信じて通らせていただきたいものである。

二七「目出度い日」

松尾市兵衛（一八三五〜一八七九）

■逸話要旨

明治五年七月、教祖が松尾市兵衛《まつおいちべえ》の家へお出かけくだされ、ご滞在中の十日目の朝のこと。市兵衛夫婦がごあいさつに伺うと、「神様をお祀《まつ》りする気はないかえ」とお言葉があった。

市兵衛が「どこへ祀らせて頂けば宜《よろ》しうございましょうか」と伺うと、「あそこがええ」と仰せになり、仏壇のある場所を指さされた。

そこが先祖代々の仏間であることを思うと、市兵衛夫婦は青天に霹靂《へきれき》を聞く思いがした。

が、互いに顔を見合わせて肯《うなず》き合うと、「では、この仏壇は、どこへ動かせば、宜しいのでございましょうか」と伺った。すると教祖は「先祖は、おこりも反対もしやせん。そちらの部屋の、同じような場所へ移させてもらいや」との仰せである。

十三日目の朝、教祖は新しくできた神床《かんどこ》の前にジッとお座りになっていた。そして「ようしたな。これでよい、これでよい」と仰せくだされた。それから長男楢蔵《ならぞう》の病室へお越しになり、身動きもできない枕《まくら》もとにお座りになり、「頭が痒《かゆ》いやろな」と、ご自分の櫛《くし》で楢蔵の髪をゆっくりお梳《す》きくだされた。

そして、ご自分の部屋へ戻られたとき、「今日は、吉《よ》い日やな。目出度《めでた》い日や。神様を祀る日やからな」とニッコリと笑われた。

教祖は「今日から、ここにも神様がおいでになるのやで。目出度いな、ほんとに目出度い」と心からお喜びくだされ、お屋敷へ帰られた。

神様を家にお祀りするということ

松尾　憲善　平安《へいあん》大教会長
まつお・のりよし

古来、大阪と奈良を結ぶ街道がいくつかある。それぞれの街道を通るには、必ず峠を越えなければならない。その一つ、十三峠《じゅうさんとうげ》を大阪方面から下ったところに東若井《ひがしわかい》村（現・生駒《いこま》郡平群《へぐり》町若井）がある。松尾家は、この村で農業を営んでいた。

松尾家では、長男が代々家督を相続できなかった。そこで、長女・ハルに婿《むこ》養子を取ることにして、白羽の矢を立てたのが、三キロほど離れた白石畑《しらいしばた》村に住む野口吉平の長男・市三郎（のちの市兵衛）だった。安政四（一八五七）年五月十日、市兵衛二十二歳のときである。

大阪方面から十三峠を下ったところに、市兵衛の住んでいた東若井村があった

妻の産後の患いから入信

市兵衛とハルは、二男一女の子供を授けていただいた。慶応二（一八六六）年一月、三番目の女児が難産だったことから、ハルの産後の肥立ちが悪化。熱にうなされ、体のむくみが容易に取れなくなった。

五月に入って、ついに医者は匙《さじ》を投げた。ちょうどそのころ、中尾という行商人が松尾家へやって来て、「庄屋敷村に生き神様がおられるそうな。どんな難産でも不思議にたすかるらしい」と告げた。一刻を争うハルの病状を思い、市兵衛は庄屋敷村までの四里（約十六キロ）を走った。

教祖にお目にかかり、事情を申し上げると、「あんた、ここへ熱を引っ張って来たようなもんやな。帰って見い、熱は下がっているはずや。心配せんでええ、じきに治る。しかし、よう来た〳〵」と仰せになり、さらに「これをな、帰ったら一服、あしたの朝一服、夜一服とのませなされ。薄紙をはぐようによくなるで」と言って、手ずから御供《ごく》をお渡しくだされた。

市兵衛は飛ぶようにして帰宅した。ハルは、市兵衛がお屋敷へ向かったころから少しずつ熱が下がり、帰ってきたときには額の手ぬぐいが「冷たいなあ」と感じるほどであった。

早速、ハルは御供を一服頂き、翌朝さらに一服頂くと、おかゆが食べられるまでに回復した。

鮮やかなご守護を頂いた夫婦は、喜びの心そのままに、赤飯とお供えを携えてお屋敷へ向かった。教祖に御礼申し上げると、「もう礼に来たのかいな。今日、ハルさんが一緒に来たのはお手引きや、よかったなあ。これからちょくちょく来なされや」と仰せられた。

これが市兵衛夫婦の入信の元一日である。

長男のおたすけに赴かれ

市兵衛は生来、気の強い性《たち》だった。後年のことであるが、明治七（一八七四）年、教祖から市兵衛と仲田儀三郎に対し、「大和神社へ行き、どういう神で御座《ござ》ると、尋ねておいで」と、お言葉があった。

このとき大和神社の神職と問答した市兵衛の威勢は、すさまじかったという。少し諫《いさ》めようと、横にいた儀三郎が市兵衛の着物の袖《そで》を引っ張ったが、市兵衛は勘違いをして、その勢いは増すばかりであったと伝えられている。

そんな勇ましい市兵衛も、長男・楢蔵は目に入れても痛くない可愛《かわい》がりようだった。そのあまりの溺愛《できあい》ぶりに、ハルは、ほかの子も同じように可愛がってほしいと不満に思っていたほどである。

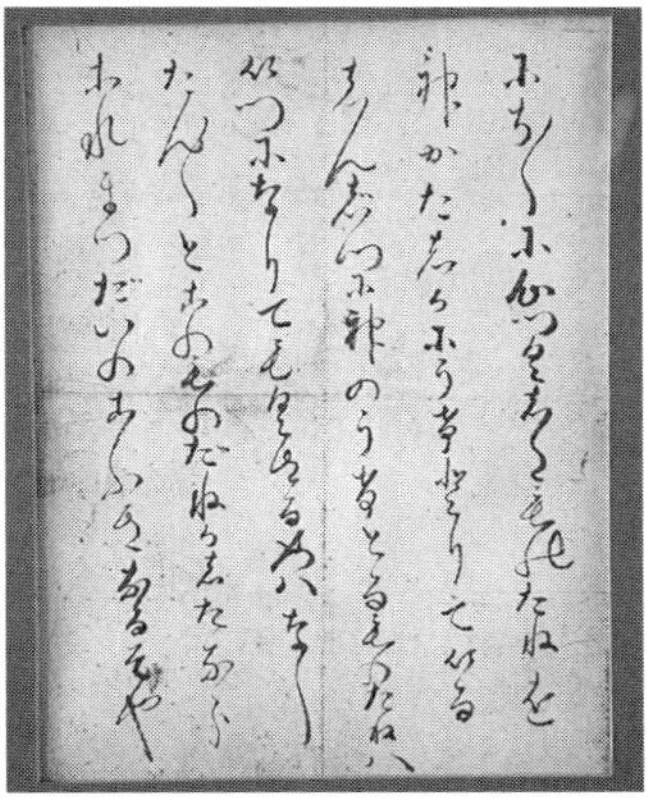

明治7年、教祖から頂戴《ちょうだい》した直筆の「おふでさき号外」（松尾家蔵）

学問好きだった楢蔵は「将来は大阪や京都へ出て勉強したい。この家は二男に譲る」と、机の前に一日中座っているような若者だった。そんな楢蔵が結核を患い、明治五年には病状が悪くなり、寝たきりとなったのである。

市兵衛夫婦は、教祖におたすけを願い出ようとした。しかし、そのころ教祖は断食中であり、お屋敷に詰める側近の先生が、教祖のお体を心配するあまり、市兵衛夫婦の願い出を断った。

一度は自宅へ戻った市兵衛夫婦だが、ひと言でも教祖のお話を聞かせていただきたいと再度、願い出た。すると、教祖は「どうなる事やらわからんが行くことにしよう」と仰せられたのである。

こうして教祖は市兵衛宅へおたすけに赴《おもむ》かれた。そして、ご滞在中の十日目の朝に「神様をお祀りする気はないかえ」とお言葉があったのである。

このお言葉を頂くまでには、一連の出来事があった。

教祖が松尾家へ到着されたのは七月二日のこと。断食中にもかかわらず、約四里の道のりを、いとも足取り軽く歩かれた。

市兵衛夫婦は、教祖のお体を心配し、ご馳走《ちそう》をこしらえて御前に差し出したが、「わしは、今、神様の思召《おぼしめ》しによって、食を断っているのや」と仰せられた。実際にハルが二度、ご飯を箸《はし》に乗せて教祖へ差し出そうとしたが、どうしてもご飯を落としてしまうのであった（逸話篇二五「七十五日の断食」参照）。

当時の人々は、もちろん教祖のことを生き神様と信じていただろう。とはいえ、食事をお召し上がりにならない教祖の御身を案じ、ひどく心配したに違いない。そんな周囲の気がかりに対して、教祖は、神様が断食をさせておられることを、はっきりと示されたのである。

ご滞在二日目には、楢蔵の気分も優れ、教祖の部屋へごあいさつに伺った。このとき教祖は「楢蔵さんや、自分の体と学問と、どちらが大切やと思う？」とお尋ねになった。

楢蔵が「体です。しかし学問も大切です」と答えると、「体を大切にすることは親孝行の第一歩や、親に安心させてあげなされ」と諭された。

そして七日目、九日目、十二日目、十三日目と、教祖は四度も楢蔵の部屋を訪ねて髪を梳《す》き、そのたびに楢蔵にお仕込みくだされたのである。

さらに、市兵衛夫婦に対しては、朝のごあいさつに伺った際に「木綿のような心の人を、神様は、お望みになっているのやで」と諭されている。以後、市兵衛夫婦は木綿以外のものは生涯身につけなかったという（逸話篇二六「麻と絹と木綿の話」参照）。

このとき市兵衛夫婦は、神にもたれきり、教祖一条の信仰に徹しきる心が定まったに相違ない。事実、教祖が神床を先祖代々の仏壇のあった場所に設けるよう指図されたことを素直に受け、そこに神様をお祀りすることにしたのである。代々の先祖が家を守ってくれると信じられていた当時、仏壇を移すなど到底考えられないことであった。

神様を拠り所とする生活へ

十三日間のご滞在で、楢蔵は不思議なご守護を頂き、翌年には畑仕事を手伝うまでに元気になった。しかし明治七年七月十五日、風邪をこじらせて出直したのである。

振り返れば、市兵衛夫婦が息子のおたすけを願い出たとき、教祖は「どうなる事やらわからんが行くことにしよう」と仰せられた。

教祖は、楢蔵がたすからないことをご存じだったのかもしれない。だからこそ教祖は、夫婦の心が神一条に定まるまで諄々《じゅんじゅん》と諭したうえで、拠《よ》り所《どころ》となる神様を祀るように導かれたのではないか。

こうした教祖の親心にお応えして、市兵衛夫婦は神様をお祀りした日を境に、神様を中心とする生活へと大きく転換していく。

市兵衛夫婦にとって、楢蔵の出直しはつらく悲しいことであった。しかし夫婦の信仰は、この大節を見せられて以来いっそう拍車がかかり、足繁《あししげ》くお屋敷へ運ぶようになったのである。

◇

現代社会に生きる私たちも、ややもすると世間の風潮に流され、教えに基づく生き方を見失いがちになる。

そんなとき、日々常に神様に向き合って暮らしていれば、世間の風潮に流されずに済む。市兵衛夫婦のように、家の中心に神様をお祀りするということは、神様を拠り所とする生活に切り換えることを意味している。こうして朝に夕に神様の前にぬかずき、神様を中心とする生活を送る中から、神一条の思案や態度が身についていくのであろう。

つまり、神様をお祀りする日は、これまでの人間一辺倒の生活から、神一条の生活へと変わる大きな節目なのである。

ようぼくが、わが家に神様をお迎えするとき、きっと存命の教祖は「目出度いな。ほんとに目出度い」とお喜びくださるに違いない。

三〇「一粒万倍」

飯降伊蔵（一八三三～一九〇七）

■逸話要旨

あるとき教祖は、一粒《ひとつぶ》の籾種《もみだね》を持って飯降伊蔵《いぶりいぞう》に向かい、

「人間は、これやで。一粒の真実の種を蒔《ま》いたら、一年経《た》てば二百粒から三百粒になる。二年目には、何万という数になる。これを、一粒万倍《いちりゅうまんばい》と言うのやで。三年目には、大和《やまと》一国に蒔く程になるで」

と仰せられた。

“一粒の真実の種”残した生涯

飯降 力《いぶり・ちから》 本部准員

天保四（一八三三）年、伊蔵は、おぢばから東南へ約二十キロのところにある向渕《むこうじ》村（現・宇陀《うだ》市室生《むろう》向渕）で、飯降文右衛門と妻・れいの四男として生まれた。

幼少のころから大工仕事に興味を持ち、十四歳で見習いに入った。その数年後、従姉《いとこ》の嫁ぎ先である「板万」と呼ばれる大工棟梁《とうりょう》を頼って櫟本《いちのもと》村（現・天理市櫟本町）へ出た。

連れ合いに恵まれず

櫟本村で暮らし始めた伊蔵は、せっせと大工の腕を磨き、仕事も順調に増えていった。生来、明るく正直な人柄であったため、村人にも好かれた。

ところが、連れ合いには恵まれず、夫婦生活は苦労の連続だったようである。伊蔵が二十四歳のとき娶《めと》った妻は、初産《ういざん》後の患いで亡くなり、子供も二歳で急逝《きゅうせい》している。

その後、世話をする人がいて再婚したが、新しい妻は一切家事をしなかった。揚げ句の果てに博打《ばくち》に手を出し、借金をこしらえるようになったため、たまりかねて離縁したという。

これに懲《こ》りた伊蔵は、弟子たちとやもめ暮らしを続けていたが、「櫟本千軒きっての正直者」と呼ばれた大工を、村人たちが放っておくはずはなかった。

やがて伊蔵は、勧められるまま三度目の結婚。その相手こそ、のちに連れ添ってお道を歩むおさとであった。

妻の命をたすけられ

元治元（一八六四）年、身ごもったおさとが流産し、その後の肥立ちも悪く床《とこ》に臥《ふ》せった。最初の妻をお産で亡くした伊蔵にとって、このときの心境はいかばかりであったろう。ちょうどこのころ、知人の導きで初めてお屋敷へ帰ったのである。

教祖は「待って居た、待って居た」と喜ばれ、伊蔵はこかん様を通じて散薬を頂いた。早速、おさとにのませると、三日目には物にもたれて食事ができるまでに回復した。

鮮やかなご守護に感激した伊蔵夫妻は、何かお礼をさせていただきたいと相談し、お社《やしろ》の献納を思いついた。お屋敷へ帰り、教祖にそのことを申し上げると、「社はいらぬ。小さいものでも建てかけ」と仰せられた。そして、お屋敷に居合わせた人々と相談のうえ、本教最初の普請となる「つとめ場所」の建築に取りかかったのである。

この普請は、明るく勇んだ雰囲気の中で進められたが、棟上げを終える段になって「大和神社のふし」に直面する。その概要は次の通りである。

つとめ場所の棟上げのお祝いに、山中忠七が信者一同を自宅へ招待しようと教祖に伺うと、「行く道すがら神前を通る時には、拝をするように」と仰せられた。

道中、大和神社の前に差しかかった伊蔵ら一行は、教祖のお言葉を守り、鳴物を打ち鳴らして「なむ天理王命」と声高らかに唱えた。

ちょうどこの日は、大和一国の神職取り締まりである守屋筑前守《もりやちくぜんのかみ》が祈祷《きとう》の真っ最中だった。伊蔵ら一行は、祈祷を妨げたとして、取り調べのため三日間にわたり拘留されたのである。

この事件は、お屋敷へ寄り集う人々に大きな影響を与えた。日の浅い信者は不安を感じて、お屋敷から足が遠のき、普請は一時休止を余儀なくされた。

秀司先生やこかん様が心配されるなか、伊蔵は責任をもって普請を仕上げることを約束した。もちろん、自分がこの普請を言いだしたことへの責任も感じていただろう。しかし、それ以上に、妻をたすけていただいたことへのご恩報じの気持ちが、伊蔵を突き動かしたのではないだろうか。後年になっても、伊蔵は「おさとの命のないところを、教祖にたすけていただいたのや」と口癖《くちぐせ》のように話していたと伝え聞く。

つとめ場所の完成後も、明治十五年に一家でお屋敷に伏せ込むまでの十八年間、伊蔵は大工仕事をしながらお屋敷へ足を運び続け、ひのきしんに精を出したのである。

陰日向ない態度に徹し

表題の逸話は、大和神社の一件の後、お屋敷への世間の風当たりが強くなり、信者の足も遠のくなか、ただ一筋にお屋敷づとめを続ける伊蔵に対し、教祖が諭されたお言葉である。

向渕村にある飯降伊蔵の生家

厳しく心細い状況にあった伊蔵にとって、一粒の真実の種を蒔けば、やがては「大和一国に蒔く程になるで」とのお言葉は、先の楽しみとも思える心強いものであったに違いない。

翻《ひるがえ》って、現代に生きる私たちも、思いがけない節に直面することがあるだろう。そんなとき「信仰しているのに、なぜこんな目に遭《あ》うのか?」と疑問に思い、信仰の歩みが止まってしまうことがあるかもしれない。

元治元年の大和神社の一件は、当時の信仰者にとって大節であった。しかし、伊蔵はたすけていただいたご恩を忘れず、教祖を信じきり、ただ一筋に真実の種を蒔き続けたのである。

そして、その真実の種は確実に芽生えていった。慶応二（一八六六）年、伊蔵は長女・よしゑを授かり、その後も長男の政治郎（五歳で夭折《ようせつ》）、二女・まさゑ、二男の政甚《まさじん》と、次々と子供を授かった。暮らし向きは楽ではなかったが、入信前の自らの境遇を顧みると、家族が増え、元気に暮らせることに、神様のご守護を実感していたことだろう。だからこそ伊蔵は、ご恩報じの思いで、喜び勇んでお屋敷へ足を運び続けたと思うのである。

こうした伊蔵の真実の種蒔きとは、具体的にどのようなものだったのか。その手がかりを、教祖が伊蔵にお諭しくだされた数々のお言葉の中に見いだすことができる。

あるとき教祖は「この道はなあ、陰徳を積みなされや。人の見ている目先でどんなに働いても、陰で手を抜いたり、人の悪口を言うていては、神様のお受け取りはありませんで」と仰せられた。このお言葉を素直に受けた伊蔵は、お屋敷への行き帰りに壊れた橋や道路を見かけると、人知れず修繕するなど、常に教祖の教えを心に置き、陰日向《ひなた》なく実行した。

のちに伊蔵は「陰徳は些細《ささい》なことや。こうすれば後のためになる、人のためになると、このちょっとしたことに気をつければ、陰徳は積まれ、神様は喜んでくださるのや」と述懐している。人目につかない陰の善行は、人から評価されないものであり、見返りも望めない。しかしながら、そうした無欲の行為にこそ誠真実が込められており、親神様もその心をお受け取りくださるのであろう。

また表題の逸話と同じころ、教祖は三粒の籾《もみ》を持って、「これは朝起き、これは正直、これは働きやで」と仰せられ、伊蔵の手のひらに一粒ずつお載《の》せくだされ、「この三つを、しっかり握って、失わんようにせにゃいかんで」と諭されている（逸話篇二九「三つの宝」参照）。

伊蔵は、この教えを生涯守り通し、真実の種をコツコツと蒔き続けたのである。

この「朝起き、正直、働き」の教えは、人間生活の基本、つまり、どのような立場や境遇にあろうとも、心がけ一つで実践できる、教えに基づく生き方の角目《かどめ》を示されたものと思う。

この道の信仰は、ある特定の時や場所などに限られるものではない。もとより、日常生活と切り離せるものではなく、信仰とは〝生き方そのもの〟といっても過言ではないだろう。つまり、日常生活のあらゆる場面において、常に教えの実践を心がけることが、私たちようぼくのつとめであり、生き方となるのではないだろうか。

こうして、陰日向なく変わらぬ態度で日々つとめ、親神様・教祖から信頼されるようぼくとなることで、結構なご守護を頂戴《ちょうだい》できるのである。

伊蔵にまつわる数々の逸話には、人として、ようぼくとしてのあり方や生き方を諭されたものが多い。このように、教えを素直に実行した伊蔵の生涯は、陽気ぐらしへの道を歩む今日の私たちに残された、〝一粒の真実の種〟とも受け取れる。

三三「国の掛け橋」

山本利三郎（一八五〇～一八九五）

■逸話要旨

明治三年秋、河内国柏原《かわちのくにかしわら》村の山本利三郎《やまもとりさぶろう》は二十一歳のとき、村相撲《ずもう》を取って胸を打ち、三年間病の床に臥《ふ》し、命旦夕《めいたんせき》に迫ってきた。

明治六年夏、にをいが掛かり、父の利八《りはち》が代参でおぢばへ帰ると、教祖から「この屋敷は、人間はじめ出した屋敷やで。生まれ故郷や。どんな病でも救《たす》からんことはない。早速に息子を連れておいで。おまえの来るのを、今日《きょう》か明日《あす》かと待ってたのやで」と結構なお言葉を頂いた。

これを伝え聞いた利三郎は、「大和《やまと》の神様へお詣《まい》りしたい」と言い出した。家族は止めたが、利三郎のあまりの切望に、戸板を用意して、夜になってから、ひそかに門を出た。

途中、竜田川《たつたがわ》の大橋まで来たとき、利三郎の息が絶えてしまったので、いったんは引き返した。しかし家に着くと、不思議と息を吹き返し、「死んでもよいから」と言うので、再び大和へ向かった。

お屋敷にたどり着き、死に瀕《ひん》している利三郎に、教祖は「案じる事はない。この屋敷に生涯伏せ込むなら、必ず救かるのや」と仰せくだされ、続いて「国の掛け橋、丸太橋、橋がなければ渡られん。差し上げるか、差し上げんか。荒木棟梁《あらきとうりょう》　々々々《あらきとうりょう》」とお言葉を下された。

利三郎は六日目におたすけいただき、一カ月滞在ののち、柏原へ戻ってきた。その元気な姿に、村人たちは驚嘆したという。

生死の狭間《はざま》で悟った〝てびき〟

山本利彦 本部准員
やまもと・としひこ

これは明治六（一八七三）年、利三郎が初めて教祖にお目にかかったときの逸話である。当時は河内に道が広がり始めたころであった。お屋敷から西へ三十キロ余りの柏原村（現・大阪府柏原市）に住む利三郎は、大和から同村へ働きに来ていた木挽《こび》き職人ににをいを掛けられ、命も危ないという身上を押して、お屋敷へ帰ったのである。

この命がけのおぢば帰りは、いま考えても想像を絶するものであった。

まずは、逸話の背景事情から説明したい。

絶望的な病に侵され

当時、綿《わた》の産地として知られた河内で、利三郎は「綿利《わたり》」の屋号を持つ豪農であった。しかも河内一帯の綿の元締めを務めており、利三郎が目を動かすだけで、綿の値段が変動したと伝え聞く。

利三郎は、その名の通り三男であったが、父・利八から家督を任されるほどのしっかり者の一方で、性格は豪放磊落《ごうほうらいらく》。「やつがね」の四股名《しこ》を持つ、村屈指の相撲取りでもあった。村人からも慕われ、情に厚い親分肌の人物だったようである。

明治三年、そんな利三郎が二十一歳のとき、村相撲を取って胸を強く打った。このとき折れたあばら骨が肺に刺さり、そこから菌が入って肺結核になったともいわれている。

それからというもの、かつての面影はなく、体はどんどんやせ衰え、ついには病気がうつるという理由で馬小屋に隔離されるに至った。

この後、数年間にわたり、利三郎は薄汚い馬小屋で藁《わら》にまみれて過ごしている。利八はそんな息子を不憫《ふびん》に思い、あちこちの医者に診《み》てもらい、神仏にも参ったが、ついに利三郎は水も喉《のど》を越さぬありさまとなった。村人たちは「あの病人が治ったら、煎《い》り豆に花が咲く」と噂《うわさ》し合ったという。

利三郎の容体は、それほど絶望的なものであった。

〝三つの不思議〟が重なり

発病から三年後の明治六年夏ごろ、不思議なことがあった。利八が、病に効くという瓢箪山《ひょうたんやま》（現・大阪府東大阪市）のお稲荷《いなり》さんに参り、おみくじを引いて易者に占ってもらったところ、「巽《たつみ》（南東）の方角に神様がおいでになって、手を打って待っておられる」ということだった。

ちょうどそのころ、利三郎は不思議な夢を見た。裏の田んぼへ出て東のほうを向いていると、大和方面の空が赤く色づいてきて、それを眺めているうちに心地よい気持ちになり、胸の痛みが取れて、病気が治ってしまうという夢だった。

さらに、同じ柏原村の「トウ」という木挽屋《こびきや》へ、大和の布留《ふる》から働きに来ていた職人が、山本家に遊びに立ち寄った。そのとき「大和の庄屋敷村に、どんな病人でもたすけてくださる不思議な生き神様がいらっしゃる」と告げた。

この三つの出来事が重なって、最初は半信半疑だった利三郎も「たすけていただける」という予感めいたものを感じたのではないだろうか。利三郎は父に頼み込み、利八が代参でお屋敷へ帰ることになった。山本家は河内でも有数の豪農であり、普通なら手代《てだい》の者に行かせるところを、父自らが代参したことに、藁にもすがる思いで息子のたすかりを願った利八の親心がうかがえる。

お屋敷に着いた利八は、教祖にお目通りさせていただいた。そして「どんな病でも救からんことはない。早速に息子を連れておいで。おまえの来るのを、今日か明日かと待ってたのやで」とのお言葉を頂戴した。

家に戻った利八から、このお言葉を伝え聞いた瞬間、利三郎の予感は確信に近いものへと変わったのだろう、「大和の神様へお詣りしたい」と強く申し出たのである。

「死んでもよいから」と

逸話にある通り、こうして利三郎は戸板に乗って大和へ向かうのであるが、当初は利八も含めた家族の者が大反対している。三年も寝たきりの重病人を動かせば、「大和まで持たない」というのが、皆の一致した意見だった。

また、当時はムラ社会であり、みすみす利三郎を死なせたら、村人から「厄介《やっかい》払いをしよった」と言われるのは、目に見えていたからである。

それでも利三郎が切望するので、夜になって、密《ひそ》かに大和へ向かった。

ところが、家からお屋敷までの道のりの三分の一あたりに来た竜田川の大橋で、利三郎の息が途絶えてしまった。大急ぎで柏原村へ引き返すと、利三郎は息を吹き返したのである。

このことは、現代医学ではとても考えられない出来事であろう。ここに筆者は、神様の急《せ》き込みを感じるのである。誰《だれ》にも知られぬように隠れて利三郎をお屋敷へ連れ帰るのではなく、周りの者もしっかりと心を定めて送り出すように、との思召《おぼしめし》ではないだろうか。

おぢばへ向かう道中、竜田川の大橋で利三郎の息は絶えた。写真は現在の大橋

事実、「死んでもよいから」と言う利三郎の切実な願いで、再びお屋敷へ向かうときには、親類縁者一同が山本家に集まっている。夜遅くではあったが、今生《こんじょう》の別れを覚悟して、水盃《みずさかずき》を交わしたうえで、家族や親類も大和川の堤まで見送っている。

道中、利三郎は一里行っては息が止まり、そのたびに介抱して息を吹き返すということを繰り返した。「これが最期か」と何度も皆が思うなか、それでも利三郎は「死んでもよいから、神様のおそばへ」と懇願《こんがん》したという。

こうして翌々日の朝、お屋敷にたどり着くと、教祖は、中南の門屋の前でニコニコと微笑《ほほえ》みながら立っておられた。そして「案じる事はない。この屋敷に生涯伏せ込むなら、必ず救かるのや」と、お言葉をかけられたのである。

死を恐れず、ただひたすらに〝不思議な生き神様〟にお目通りすることを願った利三郎は、このお言葉に心底感動し、生涯お屋敷に伏せ込むことを心に定めたという。

この教祖のお言葉を、利三郎は生涯にわたって固く守り通した。そしてその心定めは、いまも山本家に代々受け継がれている。筆者はよく父に「ぢばから離れたらあかん。山本家はこの屋敷に生涯伏せ込ませてもらうんや」と仕込まれたものである。

信じ、もたれてこそ

この逸話を拝読するたびに、筆者は大きな身上を見せられたとき、どのように悟らせていただけばよいかと考えさせられる。その手がかりが、利三郎のこの姿にあると思うのである。まず、素朴な疑問が浮かぶ。利三郎が、まだお道の信仰を知らなかったにもかかわらず、なぜそうまでして、おぢばへ向かうことを望んだのだろうか。

そのきっかけは、先述した通り、東の方角にたすけてくださる神様がおいでになるという三つの〝お告げ〟にあったであろう。こうした一連の出来事は、利八が代参したとき、「今日か明日かと待ってたのやで」と仰せられた教祖のお言葉からも、親神様の〝てびき〟であることは明らかである。

利三郎が「死んでもよいから」とおぢばを目指したのは、「そこへ行けば必ずたすかる」という確信に近いものを感じていたからに違いない。そして、その〝たすけの綱〟を決して放すまいとの思いで、お屋敷へ向かう道中にも、目に見えない大きな力で「引き寄せられている」と感じていたのではないだろうか。だからこそ、一里行っては息が止まるという極限状態の中でも、教祖のもとへ一歩一歩近づく喜びを心の支えにして、お屋敷にたどり着くことができたのであろう。

つまり、この逸話は、私たちが身上を見せられた際に、親神様におすがりし、もたれきる心がいかに大切であるかを示されたエピソードだと思うのである。

三四「月日許した」

加見兵四郎（一八四三〜一九一八）

■逸話要旨

明治六年春、加見兵四郎《かみひょうしろう》は妻つねを娶《めと》った。そのつねが懐妊したとき、兵四郎はをびや許しを頂きにおぢばへ帰ってきた。

教祖は「このお洗米《せんまい》を、自分の思う程《ほど》持っておかえり」と仰せになり、続いて直々《じきじき》にお諭しくだされた。

「さあ〳〵それはなあ、そのお洗米を三つに分けて、うちへかえりたら、その一つ分を家内に頂かし、産気ついたら、又《また》その一つ分を頂かし、産み下ろしたら、残りの一つ分を頂かすのやで。

そうしたなら、これまでのようにもたれ物要《い》らず、毒いみ要らず、腹帯《はらおび》要らず、低い枕《まくら》で、常の通りでよいのやで。すこしも心配するやないで。心配したらいかんで。疑《うたご》うてはならんで。ここはなあ、人間はじめた屋敷やで。親里やで。必ず、疑うやないで。月日許したと言うたら、許したのやで」と。

「をびや許し」から教えられたこと

加見 善一 東海大《とうかい》教会長
かみ・よしかず

兵四郎は天保十四（一八四三）年九月八日、お屋敷から南へ約十五キロのところにある磯城《しき》郡朝倉《あさくら》村笠間《かさま》（現・宇陀市榛原《はいばら》笠間）で、父・宗治郎、母・たみの長男として生まれた。

加見家は比較的裕福な農家で、宗治郎の家族とその弟・与平の家族も同居していた。しかし、宗治郎は人が善《よ》いだけで働く気がなく、酒を飲んでは遊び暮らしていた。働き者の弟とは日ごろから不仲で、兵四郎が六歳のとき、両親とともに家を追われることになった。

多感な時期の壮絶な道中

住まいを転々とする間に妹・きくが生まれ、生活はますます苦しくなったが、宗治郎は相変わらずだった。たみは朝早くから夜遅くまで懸命に働き、家族を養った。しかし、不甲斐《ふがい》ない夫に愛想をつかして、ついに離縁を決意。母がきくを、父が兵四郎を引き取ることになった。

兵四郎を連れた父は、親戚《しんせき》を頼って転々としたが、いずれも短期間で追い出された。結局、また笠間の実家へ戻ることになった。実家で暮らす弟・与平一家は、二人を無理やり追い出すわけにもいかなかった。

ひとまず落ち着き先が見つかったかに思えた矢先、今度は父が放浪の旅に出てしまった。兵四郎、八歳のときであった。与平から「母のところで世話になれ」と言われ、兵四郎は一里（約四キロ）の道を歩いて母の元を訪ねた。しかし、すでに再婚していた母は「笠間へ帰れ」と追い返した。

こうしたやりとりが十数度も繰り返され、幼い兵四郎は井戸に身を投げようとしたこともあった。与平は仕方なく、子守りとして兵四郎を家に置いた。兵四郎は寂しさを紛らすため、夜は泥で作った人形を抱いて眠ったという。

その後、兵四郎は十歳から二十四歳まで煙草《たばこ》製造所「さかさ」へ奉公に出された。父と母に捨てられた兵四郎は、多感な時期に壮絶な道中を通ったのである。

「必ず、疑うやないで」と

どん底の人生に光が差したのは明治六年のことだった。当時三十一歳の兵四郎は、宇陀郡政《せい》始《し》村守道《もち》（現・宇陀市大宇陀守道）の奥峰林平の末女・つねを妻に娶《めと》ったのである。

ほどなく、つねは身ごもった。このころには、離れて暮らしていた妹・きくが、兄の元を訪ねるようになっていた。兄嫁の初産《ういざん》を心配したきくは「庄屋敷村に安産のお守りを下さる珍しい神様がいらっしゃる」と伝えた。すでにきくは、お道を信仰していた。

こうして兵四郎は、をびや許しを頂くために初めてお屋敷へ帰ったのである。教祖は、をびや許しの洗米を「自分の思う程持っておかえり」と仰せになり、さらに「ここはなあ、人間はじめた屋敷やで。親里やで。必ず、疑うやないで。月日許したと言うたら、許したのやで」とお話しくださった。

ところが帰路、兵四郎は「これが効くのかいなあ。何かこの中に、薬でも混ぜてあるのではないか」と疑い、洗米を少しずつ噛《か》みながら歩いた。しかしながら、つねに頼まれ、せっかく頂戴《ちょうだい》したのだからと思い直し、残りの洗米を持ち帰って妻に頂かせたのである。

間もなく、長女・きみが無事に生まれたが、兵四郎にしてみれば、家族や自身に身上・事情を見せられたわけではなかった。教祖の不思議な温《ぬく》もりを感じながらも、それから七年ほどは年に二、三度、お屋敷へ帰る程度であった。

そのたびに教祖は「ここはな、人間こしらえた元の屋敷、真の親里やで」と諭されたが、なおも兵四郎は、このお言葉を信じることができなかったようである。あるとき、僧侶がをびや許しを非難するのを聞き、お道の信心をやめようかと妻に相談したことがあったと伝えられている。

このように、入信当初の兵四郎が、教祖の仰せになることを素直に信じられなかった原因の一つは、子供時代のつらい経験にあったのではないだろうか。ある日、兵四郎は次の旨、教祖にお伺いした。「神様は、人間の陽気ぐらしを見て共に楽しむために、人間をお造りくだされたと言われる。そうであるなら、私はなぜ両親から捨てられ、このような苦労をさせられたのか」と。これに対し、教祖は「兵四郎さん、その苦労があって、神様が分かったのやないか」と諭されたという。

「生壁の兵四郎」の異名取り

そんな兵四郎に大きな転機が訪れたのは明治十五年ごろ。隣の倉橋村《くらはし》（現・桜井市倉橋）に住む山本いさという女性が「大病に悩んでいたところ、天理の神様の話を聞いてたすかった」という話が伝わってきた。

興味を持った兵四郎が山本家を訪ねると、おたすけに赴《おもむ》いていた山田伊八郎（のちの敷島大教会長）を紹介された。そこで、伊八郎から十全の守護についてのお話を聞き、感心して帰宅

奈良と三重の県境にある高見山の山道。
兵四郎は、笠間から数々の峠を越えて、
伊勢布教へ向かったという

した。

その後、兵四郎は、近くの村の両手を患う人の元へお話を取り次ぎに訪ねると、一晩も経《た》たぬ間に鮮やかなご守護を頂いた。さらに隣家の子供の身上にも、不思議をお見せいただいたのである。

ここに至って兵四郎は、お道が本物の教えだと実感したようである。事実、その後はおたすけに専念し、数年で二十四戸の講社を結成している。

明治十八年には、兵四郎は長女とともに目の身上を見せられた。その際、教祖は「我《わ》が身思うてはならん。どうでも、人を救《たす》けたい、救かってもらいたい、という一心に取り直すなら、身上は鮮やかやで」と諭されている（逸話篇一六七「人救けたら」参照）。

この後、兵四郎は伊勢布教を決意し、今日の東海大教会の礎《いしずえ》を築くことになる。神一条に徹した兵四郎は、出向いた村々で鮮やかなご守護を次々と頂いた。

その勢いを表すエピソードがある。兵四郎がおたすけに訪れた村に居を構えても、その新築の泥壁が乾く間もなく、別の村の信者が「こちらへ移ってほしい」と新しく家を建てて迎える次第であった。ついには四十七回も家を替えたため、「生壁《なまかべ》の兵四郎」の異名を取るようになったというものだ。

神様にもたれきる心こそ

さて、こうして兵四郎の成人の歩みをたどってみると、入信当初から一貫して教祖が親心をかけてくだされていることに気づく。

表題の逸話で、兵四郎が教祖から頂戴したをびや許しは、人間宿し込みの元のぢばから出された、安産の許しである。をびや許しを頂いた者は、疑いの心をなくして教え通りにするならば、「をびや一切常の通り、腹帯《はらおび》いらず、毒忌《い》みいらず、凭《もた》れ物いらず、七十五日の身のけがれも無し」と教えられた。そして、このをびや許しが「道あけ」となって、教えが四方へ伝わったのである。

兵四郎がをびや許しを頂いたとき、教祖から「心配したらいかんで。疑うてはならんで」とのお言葉を賜《たまわ》っている。それでも心から信じきれない兵四郎に、教祖は「ここはなあ、人間はじめた屋敷やで。親里やで」と繰り返し諭されている。

こうした度重ねてのお諭しを頂いた兵四郎は、お道の信仰は神様を信じ、もたれきる心こそが大切であり、そのたすけの源はお屋敷、すなわち人間宿し込みの元のぢばにあると悟ったのではないか。そして、このことを兵四郎がおたすけ先で説いたからこそ、次々と不思議をお見せいただいたのであろう。

◇

翻《ひるがえ》って現代は、当時とは比べようもないほど出産をめぐる環境は整っている。かつて「お産は女の大役（大厄）」といわれたように、女性にとって子供を産むことは命懸けであった。そんな時代からすると、現代は医療の発達により、無事にお産できることが当たり前のように思われている。

とはいえ、昨今の全国的な産婦人科の医師不足もあり、妊産婦の死亡事故などが相次いでいる。現代においても、子供が無事に生まれることは決して当たり前ではないのである。「月日せわどり」を頂いてこそ、新たな命が誕生するということを忘れてはならない。

事はお産ばかりではない。どんな身上の苦しみも事情の悩みも、すっきりとご守護を頂くもとは、いかに時代が進み、世の中が変わろうとも、親神様にもたれ、教え通りにすることにあると、私たちはあらためて肝に銘じることが大切なのだと思う。

三九「もっと結構」

西浦弥平（一八四四〜一八九九）

■逸話要旨

明治七年、西浦弥平《にしうらやへい》は長男楢蔵《ならぞう》のジフテリアをご守護いただき、その後、熱心に信心を続けていた。

ある日のこと、弥平がお屋敷から戻って夜遅く就寝したところ、夜中に床下でコトコトと音がした。「これは怪《あや》しい」と思ってのぞいてみると、一人の男が「アッ」と言って闇《やみ》の中へ逃げた。後には、大切な品々を包んだ大風呂敷が残っていた。

弥平は大層喜んで、翌朝、お屋敷へお詣《まい》りして、「お陰で、結構でございました」と、教祖に心からお礼申し上げた。
すると、教祖は「ほしい人にもろてもろたら、もっと結構やないか」と仰せになった。
弥平は、そのお言葉に深い感銘を覚えた、という。

〝与えて喜ぶ〟親の心を諭され

西浦《にしうら》忠一《ただかず》 本部員

弘化元（一八四四）年、弥平は、お屋敷から南東へ二キロほどのところにある山辺《やまべ》郡朝和《あさわ》村園原《そのはら》（現・天理市園原町）に生まれた。〝日本最古の道〟といわれる「山の辺の道」沿いに並ぶわずか十数戸の小さな村だが、西浦家は裕福な農家であった。

長男の弥平は十歳のとき、父・源三郎が出直したため、弟二人と妹一人の父親代わりを務め、母親にも孝養の限りを尽くしてよく働いた。十二、三歳になると、村のもやい（共同作業）に一家の戸主として出ていたという。

明治七（一八七四）年、弥平が三十一歳のころには、その誠実な人柄に村人たちの信頼も厚く、村の戸長に選ばれている。

「なんどきなりと来い」

ちょうどそのころ、弥平の信仰は始まった。当時二歳の息子・楢蔵がジフテリアに罹《かか》り、医者も匙《さじ》を投げるほどの重い容体となった。

わが子を不憫《ふびん》に思った弥平は、藁《わら》にもすがる思いで、同じ村に住む村田佐市郎宅で稲荷《いなり》下げの祈祷《きとう》にかかった。すると「子供の命惜しくば神信心をせよ」とお告げがあった。

元来、信心家であった弥平にとって、このお告げは意外であった。いったいどこの神様を、どう信心すればいいのかと悩んでいたところ、佐市郎の妻・こよから「庄屋敷村の生き神様」の話を聞いた。こよは、お屋敷にほど近い布留《ふる》村（現・天理市布留町）の出身で、腰痛をたすけられたことがあった。

弥平の求めにより、こよはお屋敷へ出向いて事の由を伝えた。すると、仲田儀三郎がおたすけに来て、お話を取り次いでくれた。

この儀三郎の来訪を境に、楢蔵の病は徐々に回復した。楢蔵の葬儀の話までしていた村人たちは、その鮮やかなご守護を目の当たりにして、大いに驚いたという。

後日、弥平は元気になった息子を背負ってお屋敷を訪ね、教祖にお礼申し上げた。このときのことを、弥平は「初対面であったが、教祖の御前に出ると、心の内をすべて汲《く》み取っていただいたようで、悩みも何もなくなった」と述懐している。

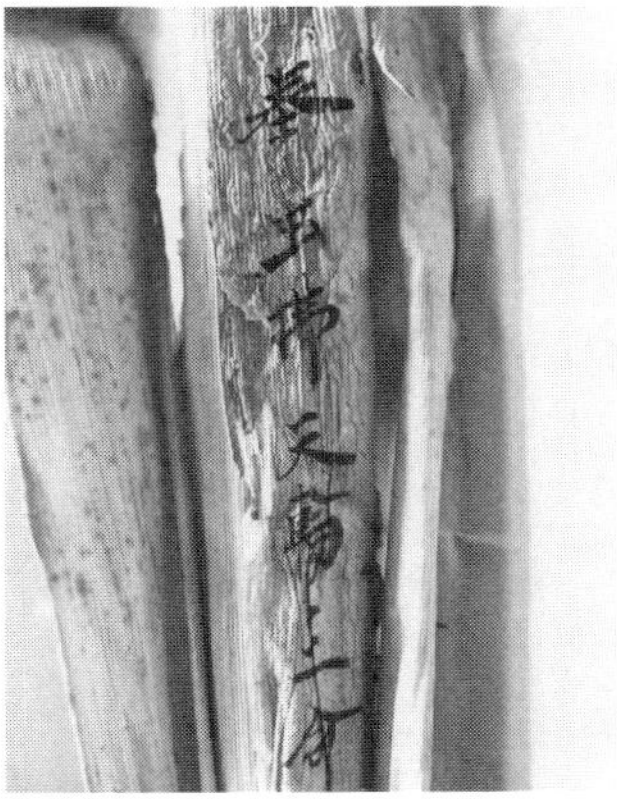

入信初期に弥平が教祖から頂いたとされる、農作物の害虫を防ぐ「虫札」。これを竹に挟み、田畑の角に立てると、黒い雨が降るように虫が落ちたという
（教義及史料集成部蔵）

教祖は、楢蔵の頭を撫《な》でられ、九死に一生を得たことをわが事のように喜んでくださった。そのうえで、生まれつき扁平足《へんぺいそく》であった楢蔵について、「この子は二十歳になったら、もらい受けるで。踏み違いのないようにしなはれや」と仰

せられたという。

入信後の弥平は、「なんどきなりと来い」と仰せられた教祖のお言葉を受けて、毎朝薄暗いうちにお参りし、野良仕事を手早く済ませて昼間もお屋敷へ通い、さらに夜も足を運んだと聞く。お屋敷では、教祖にお話を聞かせていただき、「みかぐらうた」や、当時ご執筆中の「おふでさき」もお見せいただだいた。弥平は、それらのお話を忘れないように「人さし指はこの話、中指はあの話」と自らの指に藁をくくりつけ、帰宅後に書き留めた。夏は蚊《か》に悩まされるため、頭から袷《あわせ》の着物をかぶり、汗だくになりながら、お歌を思い出して書き残したという。

「底無しの親切」に徹し

表題の逸話は明治七年、入信間もない弥平が足繁《あししげ》くお屋敷へ通っていたころの出来事である。夜中、弥平宅に泥棒が入ったが、何も盗《と》られずに済んだ。これも信仰のおかげと心から喜んだ弥平は、夜が明けるのを待ちかねてお屋敷へ向かい、教祖にお礼申し上げた。すると、教祖は「ほしい人にもろてもろたら、もっと結構やないか」と仰せられたのである。

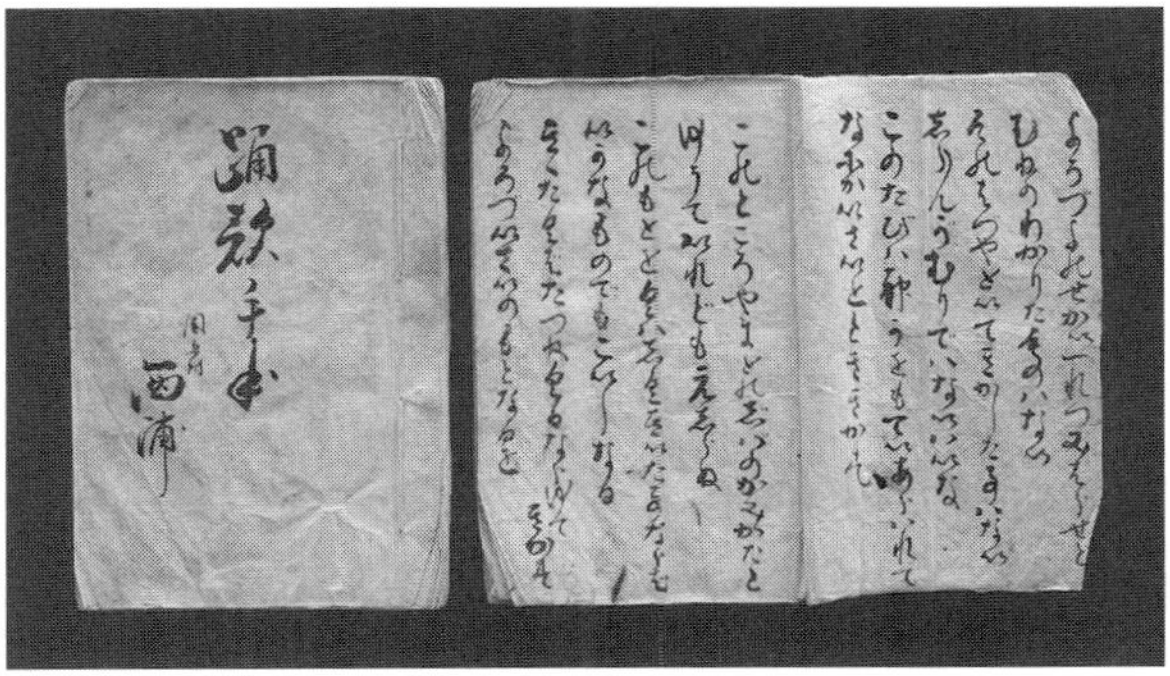

明治9年8月に弥平が書写した「みかぐらうた」（同）

このお言葉を聞いた弥平は、おそらく一瞬わが耳を疑ったに違いない。しかし、よくよく思案すると、教祖の広大無辺の親心の前に、自らの心の狭さ、至らなさを感じ、平身低頭するばかりであったろう。

この出来事を境に、弥平の信仰の歩みは劇的に変わった。人目につかないところで誠真実を尽くすようになったのである。丹波市《たんばいち》（現・天理市丹波市町）でコレラが流行《はや》ったときは、燃料用の柴《しば》を「立入禁止」の看板が掲げられている病人宅へ、毎晩配って回った。

また、こんなこともあった。ある日、羽織を新調しようと奈良へ向かう道中、荷車がぬかるみにはまって立ち往生している人を見つけた。弥平は羽織の代金で近くの農家から藁をひと山買い求め、それをぬかるみに敷いて脱出を手助けしたという。

明治二十年、教祖が現身《うつしみ》をかくされた後の「本席定め」の際には、日に日に衰弱する飯降伊蔵先生の身上を案じ、毎夜かんろだいの前で一心に祈念した。

この後、弥平は初めて本席様を通しておさづけの理を拝戴《はいたい》している。

のちに「陰から運んだ理は、十分受け取ってある」（明治32・2・27）との「おさしづ」を頂いた弥平は、底無しの親切を心に、陰徳を積むことに徹する後半生を送った。

弥平がこのように生き方を変えたのは、教祖が仰せられた「もっと結構やないか」とのお言葉がきっかけであったことは想像に難《かた》くない。

明治三十年六月、無い命をたすけていただいた楢蔵は、教祖から「踏み違いのないように」とお言葉を頂いたにもかかわらず、農事に追われる日を送り、二十五歳で出直した。

この大節に、弥平は「教祖に言われたことを無にしたのや」と男泣きに泣いて心からさんげし、道一条の決心を固め、翌年から生涯お屋敷に伏せ込んだのである。

子供の心から親の心へ

「もっと結構」の逸話は、現代に生きる私たちにとって、一読しただけで、その本質を理解するのは難しいかもしれない。

近年、ある企業が事故米と知りつつ不正転売した事件や、さまざまな食品偽装問題など、私利私欲にまみれた出来事が頻発《ひんぱつ》している。また、無差別に人の命を奪い、あまつさえ親が子の命を殺《あや》める事件が、マスコミによって連日のように報道されている。こうした現代社会において、この逸話は、私たちが到底実行できそうにない、対極に位置するようなお話である。しかし、だからこそ、私たちようぼくにとって重要な生き方の手がかりがあると思われる。

明治16年の雨乞《ご》いづとめの際、弥平が着た紋付。背中の紋は、教祖お召し下ろしの赤衣《あかき》を十二弁の紋にして縫《ぬ》いつけたもの　（同）

この逸話は、わが身かわいい心では十分に悟り取ることはできない。事実、弥平も最初は泥棒に何も盗まれなかったことを大いに喜び、教祖も喜んでくださると思い込んでいた。しかし、教祖から「もっと結構やないか」と予想だにしないお言葉を頂き、弥平は大いに反省した。難を逃れたことだけを喜んでいるようでは、まだご利益《りやく》信心の域を出ないと気づいたのではないだろうか。帰路、弥平は「なるほど教祖は神様や、世界の人間の親や。なるほど、なるほど」と合点したと伝えられている。

教祖は、常に世界たすけ、人間全体の救済を視野に入れておられる。そして、この世のすべてのもの、それはお金や物、ひいては体や命でさえも、決して自分のものではなく、親神様のお与えであり、お貸しくださっているものと教えられている。この大きなご守護に気づくことが何より大切であり、こうした広く大きな心を持つことにより、真のようぼくとして人だすけができるのだと、教祖は仰せくださっているのではないだろうか。

成人とは、親の思いに近づく歩みである。子供はもらって喜び、親は与えて喜ぶ。このことを信仰的に言い換えるならば、たすかって喜ぶ心と、人をたすけて喜ぶ心となるだろう。

つまり、教祖のお言葉を機に生き方を変えた弥平のように、「たすかりたい」から「たすけたい」へと大きく心を転換することが、成人への第一歩だといえよう。

それこそが、この逸話に込められた教えの要諦《ようてい》ではないだろうか。

四一「末代にかけて」

仲田儀三郎（一八三一～一八八六）

■逸話要旨

あるとき教祖は、豊田《とよだ》村の仲田儀三郎《なかたぎさぶろう》宅へお越しになり、家の周りをお歩きになって、「しっかり踏み込め、しっかり踏み込め。末代にかけて、しっかり踏み込め」と口ずさみながら歩かれた。

そして、儀三郎に「この屋敷は、神が入《い》り込み、地固めしたのや。どんなに貧乏しても、手放してはならんで。信心は、末代にかけて続けるのやで」と仰せられた。

後日、儀三郎の孫吉蔵《きちぞう》の代に、村からの話で、土地の一部を交換せねばならぬこととなり、話も進んできたとき、急に吉蔵の顔に面疔《めんちょう》ができ、顔が腫《は》れ上がってしまった。

驚いた家中の者が相談したところ、年寄りたちの口から、教祖が地固めをしてくだされた土地であることが語られた。

早速、親神様におわび申し上げ、村へは断りを入れたところ、身上の患いは鮮やかにすっきりとお救《たす》けいただいた。

末代へつなぐ真実の伏せ込みを

中田 善亮 本部員・鮮京《せんきょう》分教会長
なかた・ぜんすけ

仲田儀三郎の入信は、立教から二十五年後の文久三（一八六三）年、三十三歳のとき。妻・かじの産後の肥立ちの悪いところを、教祖におたすけいただいたことがきっかけだった。以来、そのご恩を忘れることなく、生涯にわたって教祖ひと筋につとめた。

この文久のころは、「をびや許し」が道あけとなり、近郷近在の人々が不思議なたすけを願って教祖のもとへ寄り集まってきた。儀三郎は、そうした初期の信者の一人であった。

いかなるときも陽気に

儀三郎は天保二（一八三一）年、庄屋敷村の北隣の豊田村（現・天理市豊田町）に生まれた。入信時は佐右衛門《さえもん》という名であったが、明治になって儀三郎と改名した。教祖は、親しく「さよみさん」と呼ばれていたと伝え聞く。

姓は当時「仲田」であったが、現在は「中田」である。「にんべん」がなくなったというより、「中」の字に洒落《しゃれ》っ気《け》で「にんべん」を付けたのだと思うが、はっきりしない。

豊田村は、お屋敷から歩いて十分ほどのところである。儀三郎はいつも手弁当で教祖のもとへ通い、一日中お屋敷に詰めることが多かったようだ。入信の翌年には、教祖から「扇、御幣《ごへい》、肥まるきりのさづけ」の理を戴《いただ》いている。当初から熱心に信仰していたのだろう。慶応三（一八六七）年からは、教祖から直々《じきじき》におつとめの手振りを教えていただき、以後、さまざまな場

儀三郎が暮らした豊田の地。現在も中田家は同じ場所にある

面で人々におてふりを教えている。

そんな儀三郎の人柄は、いかなるときも陽気で、真っすぐ素直な性格であったという。義太夫が得意だったこともあり、女役の声色《こわいろ》を使って周囲を楽しませたという。

明治七（一八七四）年には、大きな出来事があった。あるとき、教祖から「大和神社へ行き、どういう神で御座《ござ》ると、尋ねておいで」とお言葉があり、儀三郎は松尾市兵衛とともに大和神社へ出かけ、神職と問答を繰り広げた。

このことがきっかけで、教祖は山村御殿（円照寺《えんしょうじ》）へお出ましになり、以後、官憲の取り締まりは年ごとに激しさを増していった。いわゆる「山村御殿のふし」である。

教祖のお言葉を素直に御用と受けとめ、大和神社へ出向いたものの、それがのちに教祖を巻き込む大節へと発展したのである。儀三郎の心には、さまざまな葛藤《かっとう》があったに違いない。それでも儀三郎は、先案じをせず、教祖の仰せ通りにつとめていれば、その先には必ず結構な道が開けることを固く信じていたのである。

また儀三郎は、教祖から教えられた「つとめ」と「さづけ」に徹した人であった。お屋敷へ帰ってくる人々に教えを取り次ぐとともに、大和や大阪へ度々おたすけに出向いている。その際、数日間滞在して、一日数度のお願いづとめを勤め、寄り来る人々に教えを取り次ぎ、おてふりを教えたという。

教祖のお側にいてこそ

『稿本天理教教祖伝』をひもとけば、つとめ場所のふしん、かぐら面のお迎え、ぢば定めなど、教祖が「だめの教え」をお教えくださる要所《ようしょ》要所に儀三郎の名を見ることができる。教祖が警察署や監獄署へご苦労くださる際も、度々お供《とも》をさせていただいた。

このように、教史の数々の節目に立ち会うことになったのは、教祖からご指名いただいたというより、儀三郎がお屋敷に詰めて、常に教祖のお側《そば》にいたからではないだろうか。儀三郎に

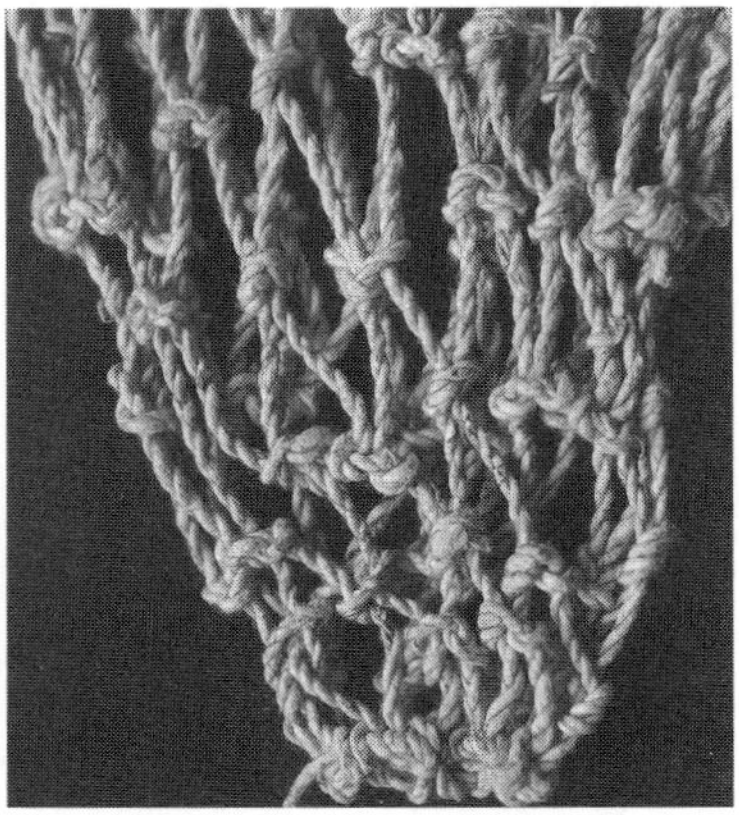

教祖から頂戴《ちょうだい》したコヨリの網袋

とっては、常に教祖のお側にいることが第一であり、お屋敷に詰めてこそ教祖のお役に立てると考えていたのだと思う。

そのおかげで、教祖が折にふれ、時に応じてお仕込みくださることを、ことごとく間近で聞かせていただくことができたと思うのである。

その一端を、『逸話篇』一三八「物は大切に」のエピソードにうかがうことができる。儀三郎が監獄署へお供をさせていただいたとき、教祖は反故《ほご》になった罫紙《けいし》で作ったコヨリで網袋を編まれた。お帰りの際、その網袋を儀三郎に下され、「物は大切にしなされや。生かして使いなされや。すべてが、神様からのお与えものやで」と仰せられた。

儀三郎は、常に教祖のお側にいて、逐一お言葉を聞かせていただくことが何より楽しみであり、教祖のお側にいれば、たとえ監獄署であっても安心で、必ず良きようにお導きくださると信じきっていたのだと思う。だからこそ儀三郎は、その生涯において数々の御用をつとめさせていただけたのだろう。

明治十九年一月、教祖の最後の御苦労にお供をさせていただいた儀三郎は、三十年来の寒さと伝えられる冬の獄中で体調を崩し、六月に五十六歳で出直した。その折、教祖は「錦のきれと見たてたものやけど」と惜しまれたと伝えられている。

こうした儀三郎の真実の伏せ込みは、子孫にとって大変ありがたく心強いものであり、同時に信心の大きな目標でもある。

家族の信仰の地固めを

表題の逸話は、いつごろのことか定かではないが、中田家では文字通り、末代かけての〝信仰の宝〟である。

その後、実はこのような話も残っている。吉蔵の子・武造が朝鮮半島での布教を志し、現在の韓国・ソウルで鮮京宣教所（現在の鮮京分教会）設立のお許しを頂いた。ところが、戦争によって引き揚げざるを得なくなった。後年、国内で教会復興を志したが、中田家はおぢば近くにあるため、奈良方面を中心に候補地を探していた。

こうしたなか、中山正善・二代真柱様から「おぢばに近いけれども、昔からの中田家の屋敷があるのだから、そこで復興すればよい」とお言葉を頂いた。それを聞いた一同は心から喜んだ。そして、教祖が「信心は、末代にかけて続けるのやで」と仰せられたお言葉と思い合わせ、あらためて親心に感じ入ったという。

これは筆者の個人的な思案だが、「末代にかけて、しっかり踏み込め」とは、「しっかり伏せ込め」という意味とも悟れるのではないか。つまり、将来への地固めだと思うのである。

その家に代々受け継がれる土地は、末代にかけての基盤となるものであり、その上に建つ家屋は、年限とともに建て替えるものである。同じように、時が流れ、代を重ねて人の顔ぶれは変わっても、揺るぎない信仰の基盤は何より重要である。そして、その信仰の基盤とは、確かな伏せ込みによって末代へ続いていくものだと思う。教祖は、この伏せ込みの大切さを「しっかり踏み込め」というお言葉でお教えくだされたのかもしれない。

この道は、陽気ぐらしを目指し、末代にかけて教えを伝え広めていくものである。そのためには、家庭の中にしっかりとした信仰の基盤をつくり、次代へ道を伝えていかねばならない。

中田家へ養子に入った筆者は、両親とも、もちろん妻とも血縁はない。しかしながら、筆者は中田家の信仰を受け継ぎ、子供たちにもこの信仰を伝えていく。この家につながる者は、血縁を超える強いつながりによって固く結ばれ、家族は揺るぎない信仰を礎《いしずえ》として道を歩んでいる。

家族とは、親神様がご支配くださる前生いんねんによって結ばれ、組み合わせていただく最も深い人間関係である。たとえ血のつながりはなくとも、家庭の芯《しん》に確かな信仰があれば、家族は仲睦《むつ》まじく、日々を陽気に暮らすことができる。家族にまつわるさまざまな問題が頻発《ひんぱつ》している現代において、これを社会に映していくことは、信仰家庭の使命だと思う。

その家の信仰を代々つないでいく連綿とした流れの中で、私たちようぼくには、その代その代に大切な役割があることを、あらためて肝に銘じたい。そして、この道を末代へつないでいくために、しっかり踏み込んで、信仰の地固めをしたいと思っている。

四五「心の皺を」

増井りん（一八四三〜一九三九）

■逸話要旨

教祖は、一枚の紙も、反故《ほうぐ》やからとて粗末になさらず、おひねりの紙なども丁寧《ていねい》に皺《しわ》を伸ばして、座布団の下に敷いて、御用にお使いなされた。お話に、

「皺だらけになった紙を、そのまま置けば、落とし紙か鼻紙にするより仕様《しよう》ないで。これを丁寧に皺を伸ばして置いたなら、何《な》んなりとも使われる。落とし紙や鼻紙になったら、もう一度引き上げることは出来ぬやろ。

人のたすけもこの理やで。心の皺を、話の理で伸ばしてやるのやで。心も、皺だらけになったら、落とし紙のようなものやろ。そこを、落とさずに救《たす》けるが、この道の理やで」と、お聞かせくだされた。

あるとき、増井《ますい》りんが「お手許《てもと》のおふでさきを写さして頂きたい」とお願いすると、「紙があるかえ」とお尋ねくだされたので、「丹波市《たんばいち》へ行《い》て買《こ》うて参ります」と申し上げたところ、「そんな事していては遅うなるから、わしが括《くく》ってあげよう」と仰せられ、座布団の下から紙を出し、大きい小さいを構わず、墨のつかぬ紙をよりぬき、ご自身でお綴《と》じくだされて、「さあ、わしが読んでやるから、これへお書きよ」とて、お読みくだされた。

りんは筆を執《と》って書かせていただいたが、これはおふでさき第五号で、いまも大小不ぞろいの紙でお綴じくだされたまま保存させていただいているという。

「話の理」で心の皺を伸ばす

増井真孝《ますい・まさたか》　本部青年

りんは天保十四（一八四三）年二月十六日、河内国大県郡大県村《かわちのくにおおがた》（現・大阪府柏原市大県）に増井家の一人娘として生まれた。

十九歳のとき、林惣三郎を養子に迎え、二年後には代々養子が続いてきた増井家に待望の男児・幾太郎《いくたろう》が生まれた。その後も二人の子供を授かり、幸せに満ちた日々を過ごしていた。

しかし明治五（一八七二）年、りん三十歳のとき転機が訪れる。わずか三カ月の間に、父・善治《ぜんじ》と夫・惣三郎が相次いで出直したのである。幼い子供たちを一身に抱えねばならなくなったりんは途方に暮れた。

さらに、翌六年にはりん自身が「りゅういん癪《しゃく》」（胆石）を患った。名医を訪ね歩き、さまざまな神仏にも手を合わせたが、とうとう医者から「三年の寿命」と宣告されたのである。

闇に差す一条の光

その後のことは『逸話篇』三六「定めた心」に詳しい。明治七年陰暦十月二十五日、りんは夜更《よふ》けまで袷《あわせ》の着物一枚をこしらえていた。翌二十六日朝、寝床から起きようとすると、両目が腫《は》れ上がって激しい痛みを感じた。

病状は日に日に悪化し、医者に診《み》てもらうと「ソコヒ」（緑内障）とのことだった。医薬の限りを尽くしたが、ついにりんは失明してしまった。

一カ月ほど経《た》ったある日、十二歳になる幾太郎が所用で大和《やまと》の竜田《たつた》へ行った帰り道、道連れになった人から「大和庄屋敷の神さんは何でもよく救けてくださる。三日三夜《みっかみよさ》の祈祷《きとう》で救かる」と聞いた。

家に戻って早速、親子で大和の方角へ向かってお願いしたが、一向に効能は表れない。そこで、男衆《おとこし》の為八《ためはち》をお屋敷へ代参させることにした。為八は赤衣《あかき》を召された教祖を拝み、取次《とりつぎ》の人から教えの角目《かどめ》を書いてもらって増井家へ戻った。

為八が懐《ふところ》から取り出した紙には、身の内かしもの・かりもの、八つのほこり、いんねんの諭しなどが記されており、三日三夜のお願いをするときは、必ずこの教理を胸に治めてから行うようにと添え書きしてあった。

りんは「こうして、教《おしえ》の理を聞かせて頂いた上からは、自分の身上はどうなっても結構でございます。我《わ》が家のいんねん果たしのためには、暑さ寒さをいとわず、二本の杖《つえ》にすがってでも、たすけ一条のため通らせて頂きます。今後、親子三人は、たとい火の中水の中でも、道ならば喜んで通らせて頂きます」と堅く心を定め、一家そろって三日三夜のお願いにかかった。

三日目の朝を迎え、長女が「お母さん、夜が明けました」と言った。りんが表玄関のほうへ顔を向けると、戸の隙間《すきま》から一条《ひとすじ》の光が見えたのである。

早速、りんはおぢばへお礼参りをし、教祖にお目通りすると「さあ〳〵いんねんの魂、神が用に使おうと思召《おぼしめ》す者は、どうしてなりと引き寄せるから、結構と思うて、これからどんな道もあるから、楽しんで通るよう」と仰せになり、また「長《なが》あいこと勤めるのやで。さあ〳〵楽しめ、楽しめ、楽しめ」とのお言葉を頂いた。

時にりん、三十二歳のことであった。

教祖のお守役として

教祖にお目通りした日を境に、りんはおたすけ人に生まれ変わった。河内で布教に奔走し、重病人のおたすけともなれば、昼夜を問わず三十キロの道のりを歩いて教祖のもとへ赴《おもむ》いた。大雪の日には橋の上で吹雪に遭《あ》い、神名を唱えながら這《は》い進み、命からがらお屋敷へ帰ったことも。りんが教祖のもとへあいさつに伺うと、「難儀やったなあ。その中にて喜んでいたなあ。さあ〱親神が十分々々受け取るで。どんな事も皆受け取る。守護するで。楽しめ、楽しめ、楽しめ」と仰せられ、りんの冷えきった手を、両方のお手でしっかりと握られた（逸話篇四四「雪の日」参照）。晩年、その話になると、りんは「教祖の御手の温《ぬく》み、お慈悲を忘れることはできんのや」と、いつも涙声になったという。

明治十年ごろより、十日交代でお屋敷に詰めるようになったりんは、早朝から夜遅くまで、人の嫌《いや》がる便所掃除やニワトリの世話など、どんなことでも喜んで働いた。そして寸暇を惜しんでは、おたすけに歩いた。

こうしてお屋敷で真実を尽くす中、明治十二年六月、りんは教祖のお守役《もり》として、お側《そば》に仕えることになったのである。入信以来、常に教祖をお慕いし、お言葉を頼りに、りんは九十七歳で出直すまでの六十五年間を、ぢば一条に徹して通った。

晩年、本部の勤めを終えた夕暮れ、りんは決まって本部詰所の廊下に座り、一心に夕日を拝んだ。「お日さま」を「教祖」と心からお慕いし、教祖がお休みになられるのを見送ったのである。また、りんは人から年齢を尋ねられると、「教祖が九十歳で現身《うつしみ》をおかくしになったのに、私がそれ以上長生きさせてもらってはもったいない」と、いつも「九十歳」と答えていたという。

「心の皺」の意味とは

さて、表題の逸話は、りんが入信して数年が経ったころのエピソードである。こうした教祖のお言葉は、ほかの逸話にも見受けられる。つまり、お屋敷へ寄り集う人々に、教祖が常々お話しくだされた教えの角目の一つなのであろう。

この逸話を通して、教祖は物を生かす大切さをお示しくださり、「人のたすけもこの理やで。心の皺を、話の理で伸ばしてやるのやで」と仰せられている。

この「心の皺」とは、どういう意味であろうか。その手がかりが、りんの入信前の姿にあるように思う。

父と夫を相次いで亡くし、三人の子供を女手一つで育てていたりんは、間もなく医者から死を宣告され、さらに盲目となった。不幸のどん底に落ちた己《おのれ》の身を嘆き、子供のことを思って泣き暮らす日々の中、おそらく前向きな心にはなれなかっただろう。むしろ心が千々に乱れて、「落とし紙」のように幾重にも皺が寄った状態だったに違いない。この後、りんは大和の生き神様の話を聞き、お屋敷の方角を向いて三日三夜のお願いをしたが、ご守護を頂けなかった。

りんが95歳のとき記した
「誠」の書　（増井家蔵）

のちに、りんは「入信後間もない人が、よ

く神様に愛想づかしをするのは無理もないこと」と語っている。ご利益《りやく》を急ぐ、このときの自分の姿を振り返っての言葉だろう。

りんがご守護を頂けたのは、代参の者がお屋敷から持ち帰った、教えの角目を記した紙にある。りんは、これらの教えをしっかりと胸に治め、「たすけ一条のため通らせて頂きます」と堅く心を定めている。つまり、「話の理」で心の皺を伸ばし、をやの思いに沿って心を定めたからこそ、鮮やかなご守護を頂けたのではないだろうか。

こう考えると、この逸話は、私たちようぼくがおたすけをする際の、大切な心構えをお示しくださっているようにも思える。

教祖は、おひねりの紙なども丁寧に皺を伸ばして、座布団の下に敷いて、御用にお使いなされた。同じように、人だすけの際も、たとえ時間はかかろうとも、病む人や悩める人に寄り添い、誠真実を尽くして、心の皺を丁寧に伸ばすが如《ごと》くに、じっくりと教えを伝えていくことが肝要なのだろう。

増井家には、りんが九十五歳のときに記した書がある。丁寧に皺を押し伸ばし、少し縦スジの残る紙に書いた「誠」の一文字に、教祖の教えを生涯守り通したりんの信仰がうかがえる。

四八「待ってた、待ってた」

上田ナライト（一八六三〜一九三七）

■逸話要旨

明治九年十一月九日午後二時ごろ、上田嘉治郎《うえだかじろう》が萱生《かよ》の天神祭に出かけようとしたとき、機《はた》を織っていた十四歳になる娘のナライトが、突然「布留《ふる》の石上《いわがみ》さんが、総髪《がっそう》のような髪をして、降りて来はる。怖い」と言って泣きだした。いろいろと手当てを尽くしたが、なんの効能もなかったので、隣の西浦弥平《にしうらやへい》のにをいがけで信心するうち、次第によくなり、おぢばへ帰って、教祖にお目にかからせていただいたところ、「待ってた、待ってた。五代前に命のすたるところを救《たす》けてくれた叔母《おば》やで」と、ありがたいお言葉を頂き、三日の間に、すっきりとおたすけいただいた。

神一条の「一身暮らし」

上田 嘉世 本部員
うえだ・よしよ

教祖に娘分として貰《もら》い受けられ、仰せのままに生涯「一身《いちみ》暮らし」を守り、本席様の後を承《う》けて「おさづけの理」のお運びをつとめた上田ナライトは、明治に先立つこと五年、文久三（一八六三）年二月二十三日、山辺《やまべ》郡朝和《あさわ》村園原《そのはら》（現・天理市園原町）に生まれた。

幼いころから大柄で聡明な少女であったという。また手先も器用で、十三、四歳のころには針仕事も機織りも上手《じょうず》にこなしていた。

「神の方へ貰い受け」

そんななか、明治九（一八七六）年のある日、思いがけない出来事が突然起こったのである。「神さんが降りて来はる、怖い」といって泣きだしたナライトは、それまでと一変して、神経病のような症状となった。手に汚いものが付いたと言っては何度も手を洗ったり、「内造り、掃除や」と言っては、家の隅々まで掃除して回り、兄弟にも「掃除せよ」と急《せ》き立てた。また、そうかと思うと、何時間でもジーッとふさぎ込んでしまう、というような状態が続いた。父の嘉助《かすけ》（のちに嘉治郎と改名）は、あちこちの神仏に願をかけて娘の全快を祈ったが、その効なく、ほとほと困り果てていた。

ちょうどそのころ、隣に住む西浦弥平からにをいが掛かった。

一徹者の嘉助は「わしはそんな新しい流行神《はやりがみ》さんは嫌いや」と言って、なかなか参ろうとしなかったが、不思議なしるしを見せていただいて信心する気になり、お屋敷へ参ると、教祖から「待ってた、待ってた。五代前に命のすたるところを、身を以《もっ》て救けてくれた叔母や。今生では一生極楽遊びをさせて恩返しをする」とのお言葉を頂いたのである。そして、三日のうちにすっきりとおたすけいただき、一家そろって信心するようになった。嘉助は頑固者だけに、いったん信仰し始めると、非常に堅固な信仰だったという。

明治十年、ナライトは、教祖から「胡弓々々《こきゅう》」とのお言葉を頂いている（逸話篇五五「胡弓々々」参照）。

こうしてたびたび教祖の元へ参るうち、明治十二年二月二十三日、教祖から「ナライトの身の内、神の方へ貰い受け、その上は、あつけんみよのやしろとして人をたすける。それゆえ、あとなるは皆引き受ける」とのお言葉を頂き、教祖の娘分として貰い受けられ、一生「一身暮らし」で神一条の御用をつとめることになったのである。時に、ナライト十七歳であった。

教祖のお側に仕えて

教祖のお側《そば》でお仕えさせていただくようになったナライトは、「お守りつくりや、金米糖《こんぺいとう》の御《ご》供《く》を包むのを手伝わせて頂いたのやで。おこたにおあたりとおっしゃるので、手を入れさせて

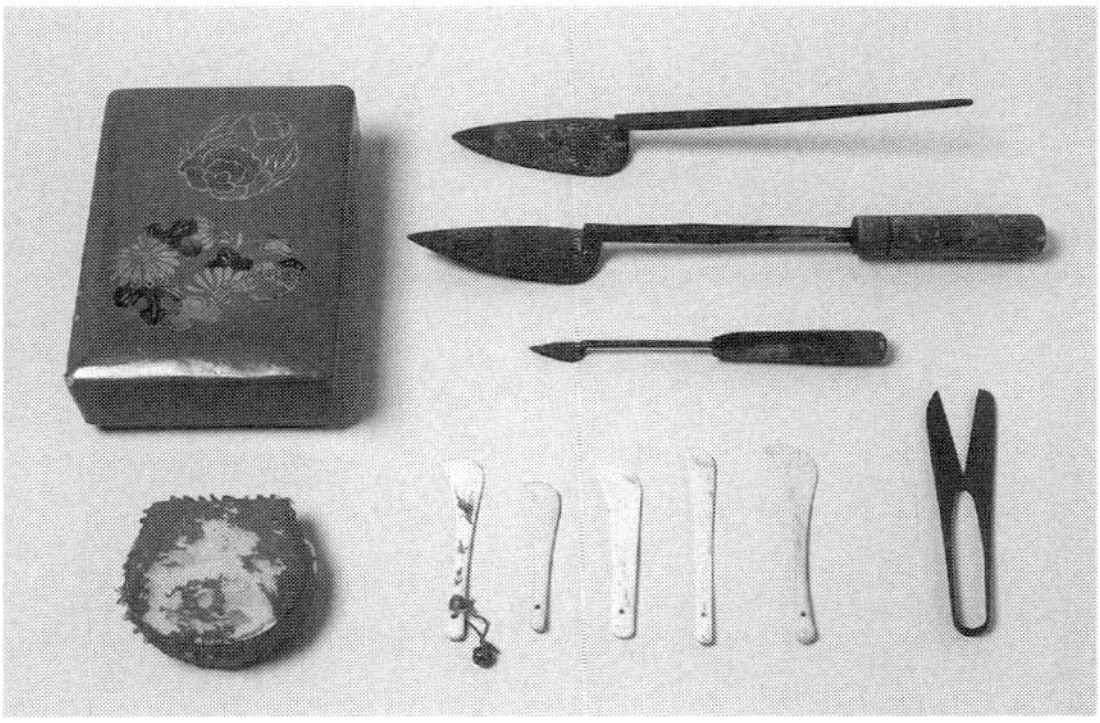
ナライト愛用の裁縫道具。裁縫は、教祖から親しく教えていただいたという（上田家蔵）

頂いている時、ひょいと教祖の御手に触ったので、びっくりして引っこめると、その手をさぐってしっかり握って、『遠慮せんとあたりや』と引き寄せて下さった」と当時を述懐している。教祖の温《ぬく》もりに包まれるようなエピソードである。

時折、ナライトがちょっと園原の家へ帰ったりすると、教祖は「迎えに行てくれ。淋《さみ》しいてならん」とおっしゃった。教祖は、こうしてナライトを身辺に置き、日常生活を通して、また角目《かどめ》角目にお言葉を下されてご薫陶《くんとう》遊ばされたのである。

そのお言葉の一つとして、「年の行くのを待ち兼ねる。四十の声かかるのを待ち兼ねるで。神の方には深い〳〵思惑がある」と仰せになったという。

そのころのナライトを知っている人は、「それはよう働かはった。そして、ほかの者とえろう話するでなく、一人黙ってせっせと仕事しはるから、余計はかどるのや。そして人の悪口言うの嫌いで、他人の悪口はこっから先も仰《おっしゃ》らん。そして、聞くのも嫌いやった。こればかりは感心した」（梶本楢治郎談）と語っている。

ナライトの自筆で教えの角目を記した文書の中にも「人のこと、蔭《かげ》でも悪いこと言わず、心でも思わず、ただ人の心をたすけるなら、我《わ》が身たすかること、これ違わん。誠は天理にかなうなり」とある。ナライトは、これを文字通り実行したのである。

教祖が現身《うつしみ》をかくされてからは、お仕えする方もなく、これといって定まった御用もないまま、時には心をいずませることもあったが、「おさしづ」を通して、ご存命の教祖の温かい親心にお育ていただいた。

ナライトに下された「おさしづ」をひもとくと、なかなか心の治まらないナライトを、なんとか神様の道具として一人前になるまで育て上げようとされる教祖の、底なしの親心が切々と伝わってくる。

私の父・上田嘉成《よしなる》は、三十歳になるまでナライトの仕込みを受けた。その父の思い出の中から、いくつかのエピソードを紹介してみたい。

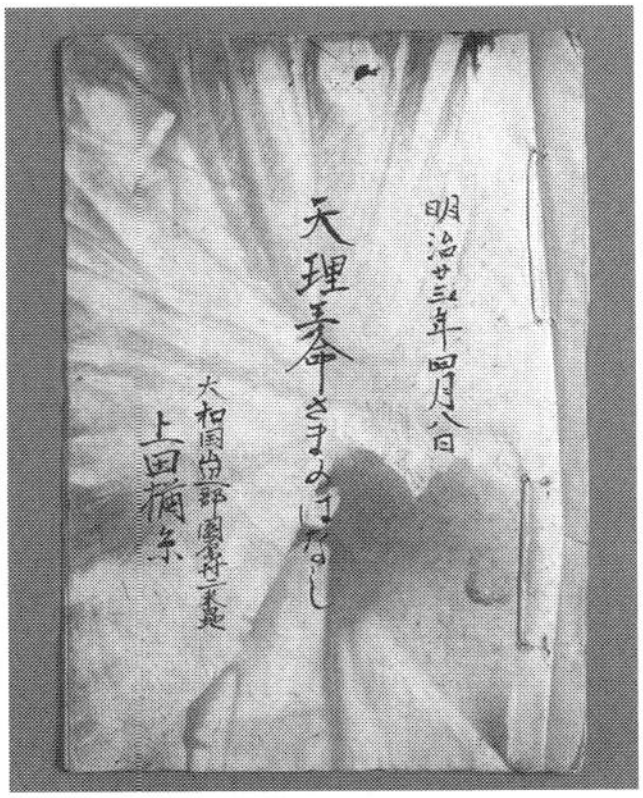

直筆の「天理王命さまのはなし」。八つのほこりなどの教えが記されている　（同）

ある年、ナライト宅の桜が見事に咲いていたので「桜の花がきれいに咲きましたね」と話しかけると、ただ一言「根を見よ」とお答えになった。その一言が、父にとって終生忘れられぬ教訓となったという。

また、子供を大変可愛《かわい》がり、家族の者が小さい子供を叱《しか》ったりしているのを見ると、「小さい子を叱らんときや。先祖様が帰ってきてはるのやから、大事にせんと申し訳ない」と、たしなめられた。

昭和十一年の暮れ、ご機嫌伺いに帰ってきた宇野たきゑ（嘉成の妹）に、ナライトは「わし、もういんでくるわな」と言った。たきゑが「どこへですか」と尋ねると、「おばあ様の所へ。また、じき帰ってくるで」と告げた。それから程なく、昭和十二年一月十二日午前二時二十分、ナライトは七十五歳で安らかに出直した。

松竹梅　めでたく納めまいらせ候

（上田ナライト絶筆）

おたすけいただいた元一日を忘れず、真実の親たるご存命の教祖にお喜びいただけるように、教祖から頂戴《ちょうだい》したお言葉を生涯守り通したナライトの一生は、私どもにとって末代まで語り伝え、たどり続けなければならない手本である。

お喜びいただく毎日を

さて、逸話の表題にもなっている教祖の「待ってた、待ってた」というお言葉は、ほかにもお屋敷へ帰ってきたさまざまな人に仰せになっている史実が残っている。

そもそも「おふでさき」にある通り、

いんねんもをふくの人であるからに　とこにへだてハあるとをもうな　（四号61）

このよふを初た神の事ならば　せかい一れつみなわがこなり　（四号62）

と思召《おぼしめ》す教祖は、誰《だれ》のことも「待ってた、待ってた」と温かく迎えてやりたいと、その帰りを待ちわびておられるのである。

ところで、教祖は、初めて帰ってきたナライトに「今生では一生極楽遊びをさせて恩返しをする」と仰せられている。ナライトの一生を振り返り、この「極楽遊び」とはどういうことだったのだろうかと、あらためて思案させていただくとき、うら若き十七歳の娘の身で「一生独身で通るように」と教祖から仰せつかり、幾重の節の中も、ひたすら教祖のお言葉を守り通し、その思召《おぼしめし》通り神一条の御用をつとめきった、その神一条の人生こそが〝極楽遊び〟だったのだと思わずにいられない。

教祖のお供《とも》をして、神一条、たすけ一条に生きる日々は、晴れやかな喜びに包まれた日々であったと思うのである。

私たちお互いも、持ち場立場によって御用はさまざま異なろうとも、足繁《あししげ》く存命の教祖の御前に運び、幼子のような素直な心で教祖と語らい、教祖にお喜びいただけるような毎日を暮らしたいものである。

そうすれば、ここに本当のこの世の極楽が実現し、世界中の誰もが「わしもはや〳〵まゐりたい」と、真実の親に会いに帰ってくるだろう。そのとき、教祖は会心の笑顔で仰せになるだろう。「待ってた、待ってた」と。

五六「ゆうべは御苦労やった」

板倉槌三郎（一八六〇〜一九三七）

■逸話要旨

本部神殿で当番を勤めながら、井筒貞彦《いづつさだひこ》が板倉槌三郎《いたくらつちさぶろう》に尋ねた。「先生は、何遍《なんべん》も警察などに御苦労なされて、その中、ようまあ、信仰をお続けになりましたね」と言うと、板倉槌三郎は「わしは、お屋敷へ三遍目に帰って来た時、三人の巡査が来《き》よって、丹波市分署の豚箱へ入れられた。あの時、他の人と一晩中、お道を離れようか、と相談したが、しかし、もう一回教祖にお会いしてからにしようと思って、お屋敷へもどって来た。すると、教祖が、『ゆうべは、御苦労やったなあ』と、しみじみと、且《か》つニコヤカに仰せ下された。わしは、その御《おん》一言で、これからはもう、かえって、何遍でも苦労しよう、という気になってしもうた」と答えた。

これは、神殿がまだ北礼拝場だけだった昭和六、七年ごろ、井筒が板倉槌三郎から聞いた話である。

一途に神にもたれて通る道

板倉 知幸 本部准員
いたくら・ともゆき

大阪府八尾《やお》市の近鉄恩智《おんぢ》駅から東へ向かい、中河大教会を通り過ぎて信貴山《しぎさん》の西へ進むと、槌三郎の生家がある。板倉家は何代にもわたる旧家で、幾度かの戦火で資料をなくしているので、その前のことは分からないが、元禄十三（一七〇〇）年までさかのぼることができる。代々農家を営む素封《そほう》家であり、村方からの信望も厚かったと伝えられている。

ねぎらいのお言葉受け

二男として生まれた槌三郎は、しっかりとした教育を受け、兄からも頼りにされていた。ところが、兄弟力を合わせて家業を引き継ごうかというころ、突然、兄が瘰癧《るいれき》（結核性頸部《けいぶ》リンパ節炎）を患った。槌三郎は、なんとか兄をたすけたい一心で、医者・薬など八方に手を尽くし、病気平癒《へいゆ》を祈願するためにさまざまな神社仏閣へ参ったが、兄の病状は一向に良くならなかった。

そんななか「大和竜田《たつた》村（現・生駒郡斑鳩《いかるが》町龍田）の乾勘兵衛という人の婆《ばあ》さんに神憑《がか》りがあって、その婆さんに拝んでもらえば、どんな難病でも治る」との噂《うわさ》を耳にした。

早速、槌三郎が竜田へ足を運んで祈願したが、兄は快方へ向かうどころか、ソコヒを患う始末。一度は竜田を後にしたが、風の噂で今度は「竜田の婆さんの神様の本元は、大和丹波市の庄屋敷だそうな」と伝え聞いた。

こうして槌三郎は、藁《わら》にもすがる思いで峠を越え、初めておぢばへ帰参した。明治九（一八七六）年八月、槌三郎、十七歳のときであった。

初めて聞く教理に興味を持った槌三郎は、幾度となくおぢばへ帰るうちに、どうでもこうでも信仰しなければという気持ちになったと聞く。当時、教理に感銘して入信した信者というのは、どれくらいおられただろうか。熱心に信仰するようになった槌三郎は、おぢば帰りやおたすけと言っては家を空け、留守にすることが増えていった。

このころ、お道はまだまだ人々に理解されていない教えであり、訳の分からない宗教に一途《いちず》にのめり込む槌三郎に対し、兄や親戚《しんせき》は猛反対した。村人たちも罵詈雑言《ばりぞうごん》を浴びせたそうである。しかし周囲の反対をよそに、槌三郎の信仰は一段と燃え上がり、農事は小作人に任せて、おたすけに奔走する日々が続いた。

こうした状況のなか、表題の逸話にあるように、槌三郎は、お屋敷へ帰った際に、丹波市分署の巡査に連行された。一晩中、何人かでお道を離れようか、離れまいかと相談し、翌日お屋敷へ戻ると、教祖から「ゆうべは、御苦労やったなあ」と、ねぎらいのお言葉をかけていただいたのである。

この後、槌三郎は、お屋敷と恩智の実家を行き来する生活を続けたが、のちにお屋敷へ移り住み、昭和十二年、山名《やまな》大教会への巡教中に七十八歳で出直すまで、本部の御用にお使いいただいた。

大節にも負けない心で

槌三郎の生涯で大きな身上を頂いたという話は聞かない。むしろ、どちらかというと、事情を見せられることが多かったのではないかと思う。

というのも、槌三郎は子供八人を授かったが、長男を本家へ養子に出した後、五男一女を次々と亡くした。唯一おぢばで生まれ育った七男が、家を継いでいる。

特に、期待をかけていた四男が二十五歳で出直したときは、かなり落ち込んだようだが、「教祖も、お子様に先立たれている。そのひながたを思えば」と、奮起したという。

これらのことを考えても、槌三郎が教祖から頂戴《ちょうだい》したねぎらいのお言葉は、その後の槌三郎の信仰姿勢を揺るぎないものにしたのではないだろうか。

槌三郎が監獄へ収監されたことは、本人たち以外は知らないことであるが、教祖は見抜き見通しであらせられ、かつ温かいお言葉をかけてくださった。それだけに、槌三郎は「いつも神様は見守ってくださっている」と確信したことであろう。

時に人間は、大きな節を見せられる。それは、当事者の心のほこりの表れであったり、持って生まれたいんねんによるものであったりするであろう。また、その当事者一人だけではなく、家族や周囲の人たちを仕込みたいとの、をやの思いである場合もあるのではないかと思う。

そうした中にあっても、常から親神様・教祖は見抜き見通しであられ、お守りくださっているという確信があれば、大節にも負けない心をお与えいただけるはずである。

続ける中に末代の楽しみ

先述したように、信仰初代の槌三郎は二男であり、六人の子供を早くに亡くした。そして、筆者の祖父である二代目は妻を二人亡くし、子供二人にも先立たれている。さらに、父である三代目は長男であったが、四十一歳のときに大きな身上を頂いた。父は慢性の腎不全で、今日ほど医療設備が整っていなかった時代にあって、おかげさまで二十六年にわたって人工透析を

槌三郎が晩年に記した「神一条」の書　（板倉家蔵）

続け、お道の御用に使っていただけた。

さまざまな事情をお見せいただく板倉家としては、つくづくいんねんが深いと思案する。その中で筆者が悟ったのは、どのような境遇でも喜んで通らせていただくことが第一ということである。

槌三郎が分家してから、長男が家を継いだのは、父が初めてである。板倉家のいんねんを考えれば、父は身上であったが、ありがたいことである。むしろ、父の身上のおかげで、家族が曲がりなりにも成人させていただけたのではないかと思っている。

四代目となる筆者自身も、平成二十三年春に大きな身上を頂き、半年間の入院生活を余儀なくされた。心得違いを正すようにとのお仕込みであったが、少なからず出直すのではないかという心配もなかったわけではない。

そのとき、筆者の心をたすけてくれたのが信仰である。また代々道を通った親々の徳のおかげであると思う。何より、病への不安に倒れそうになった心を、信仰のおかげで立て直すことができた。

◇

現代の日本人の多くは無神論者であると、よく耳にする。また、ようぼくの中にも、なかなかわが子にお道を伝えられていないという人もいるだろう。生活が豊かになり、親神様のご守護に目を向けなくなってきている結果が、このような状況を生んでいるのではないか。

一代きりで信仰をやめてしまえば、それまでとなる。筆者は、信仰が代々続いていかなければ、見えてこないものもあると痛感した。信仰は銘々《めいめい》のものであるかもしれないが、続いてこそ道である。そうでないと、いんねんも切り替わっていかないのではないだろうか。

槌三郎のように、もう信仰をやめてしまおうと心が揺らぐことは誰《だれ》にでもあるかもしれない。しかし、そこを通るところに、本当の神様のご守護をお見せいただけるのではないだろうか。どうでもこうでも続ける中に、末代の信仰の楽しみが現れてくるものと信じる。

節を頂き、それを乗り越えれば芽が出てくる。芽を出すには、しばらくの時間を要するかもしれないが、一途にをやにもたれて喜んで通る信仰姿勢が何よりも大切だと思う。そうしたようぼくの姿を、きっと教祖は「御苦労やったなあ」と喜んでくださるに違いない。

五七「男の子は、父親付きで」

矢追楢蔵（一八六九～一九二九）

■逸話要旨

明治十年夏、大和国伊豆七条村《やまとのくにいずしちじょうむら》の矢追楢蔵《やおいならぞう》（当時九歳）は、近所の子供二、三人と、村の西側を流れる佐保川《さほがわ》へ川遊びに行ったところ、一の道具を蛭《ひる》にかまれた。そのときは、さほど痛みも感じなかったが、二、三日経《た》つと、大層腫《は》れてきた。場所が場所だけに、両親も心配して、医者にもかかり、加持祈祷《かじきとう》もするなど、種々と手を尽くしたが、一向効《しる》しは見えなかった。

そのころ、同村の喜多治郎吉《きたじろきち》の伯母《おば》矢追こうと、桝井伊三郎《ますいいさぶろう》の母キクとは、既に熱心に信心していたので、楢蔵の祖母ことに信心を勧めてくれた。ことは元来信心家であったので、すぐその気になったが、楢蔵の父惣五郎《そうごろう》は百姓一点張りで、むしろ信心する者を笑っていたくらいであった。そこで、ことが「わたしの還暦祝《いわい》をやめるか、信心するか。どちらかにしてもらいたい」とまで言ったので、惣五郎はやっとその気になった。十一年一月のことである。

　そこで、祖母のことが楢蔵を連れておぢばへ帰り、教祖にお目にかかったところ、「家のしん、しん、しんのところに悩み。心次第で結構になるで」とお言葉を下された。

　それからというものは、祖母のことと母のなかが、三日目ごとに交替で、一里半の道を楢蔵を連れてお詣《まい》りしたが、はかばかしくご守護を頂けない。

　明治十一年三月中旬、ことが楢蔵を連れてお詣りしていると、辻忠作《つじちゅうさく》が「『男の子は、父親付きで』と、お聞かせ下さる。一度、惣五郎さんが連れて詣りなされ」と言ってくれた。家へ戻ってから、ことはこのことを惣五郎に話して、「ぜひお詣りしておくれ」と言った。

　それで、惣五郎が三月二十五日、楢蔵を連れておぢばへ詣り、夕方帰宅した。ところが、不思議なことに、翌朝は最初の病みはじめのように腫れ上がったが、二十八日の朝にはすつきり全快のご守護を頂いた。

家族一同の喜びは例えるにものもなかった。当時十歳の楢蔵も、心にしみて親神様のご守護に感激し、これが一生変わらぬ堅い信仰のもととなった。

「家のしん」たる父親の存在

矢追《やおい》 雄蔵《ゆうぞう》 本部青年

楢蔵は明治二（一八六九）年旧暦九月二十八日、伊豆七条村（現・大和郡山市伊豆七条町）にて父・惣五郎、母・なかの長男として生まれた。

この楢蔵の身上にしるしを付けてお手引きを頂いたのが明治十年のことであるが、それに先立ち、まずは当時の伊豆七条村の人々の信仰状況から述べたい。

楢蔵の出生より六、七年前、伊豆七条村の西方にある小林村にハンセン病を患う人がいた。

その人は、おぢばまでの三里（約十二キロ）の道を日参し、四十九日目にして全快のご守護を頂いたという。その鮮やかなご守護を目の当たりにした伊豆七条村の人々は、村を挙げて信仰を始めた。しかし、楢蔵出生時には、すでに村人の信仰心は薄らいでいた。

幼少から信仰に目覚めて

表題の逸話は、そうした中での出来事であった。明治十年の夏、九歳の楢蔵は近所の子供二、三人と川遊びをしていた折、一の道具（男性器）を蛭にかまれた。二、三日すると大層腫れ、医薬や加持祈祷などに頼ったが、一向に回復の気配はなく、家内じゅう困り果てていた。楢蔵の祖母・ことの老人仲間で、すでに信仰していた同村の矢追こう（喜多治郎吉の伯母）や桝井キク（桝井伊三郎の母）が、ことに信仰を勧めたが、惣五郎は反対して聞く耳を持たなかった。

明治十年も暮れに差しかかったころ、とうとうことは、惣五郎に「わたしの還暦祝をやめるか、信心するか。どちらかにしてもらいたい」と信仰を迫り、惣五郎もそれを受け入れた。

こうして楢蔵は、祖母に連れられて初めておぢばへ帰り、教祖から「家のしん、しん、しんのとこ

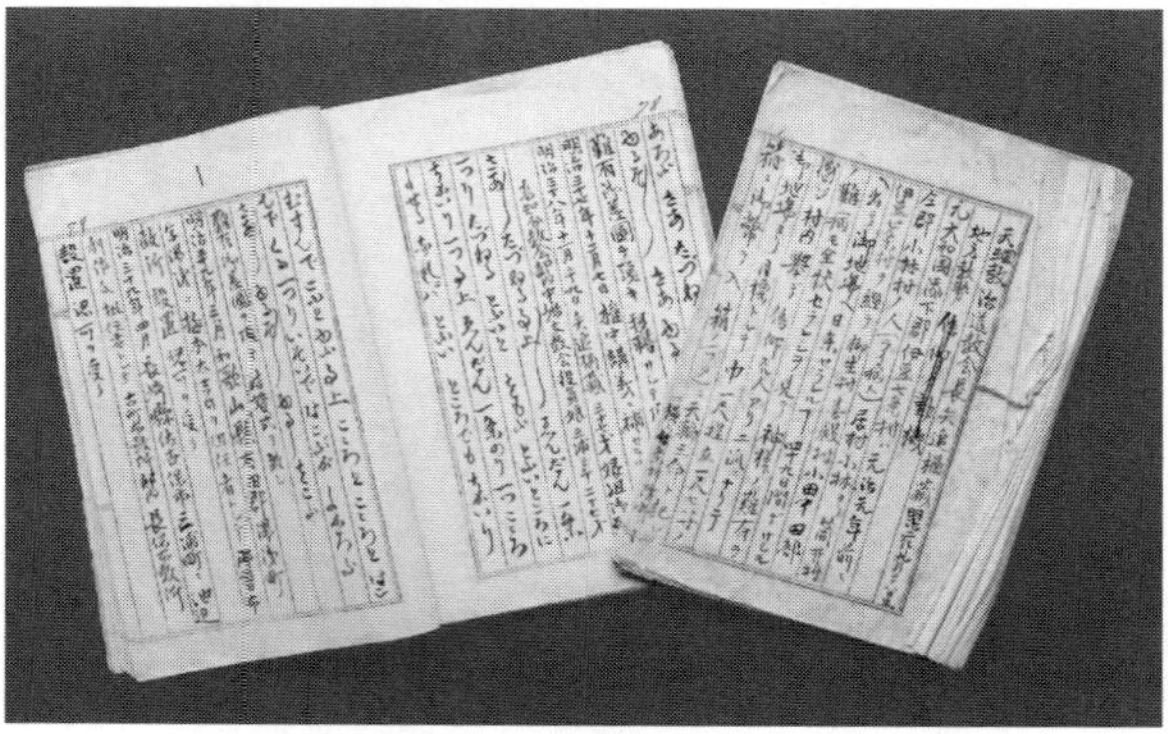

楢蔵が入信のいきさつを記した手記
（矢追家蔵）

ろに悩み。心次第で結構になるで」とのお言葉を頂いたのである。

それからは、三日目ごとに母と祖母が交代で楢蔵を連れてお詣りしたが、一向に変化が見られない。そんな状態が二カ月以上続いたある日、おぢばに居合わせた辻忠作が「男の子は、父親付きで」とのお言葉をもとに諭したことで事態は一変する。惣五郎が楢蔵を連れておぢばへ帰った日の三日後（旧暦二月二十五日）に、全快のご守護を頂いたのである。

その後は、翌日の月次祭に家族でお礼参りをし、毎月二十六日はもちろんのこと、月に二、三度は皆でおぢばへ帰っている。

一方、十歳そこそこの楢蔵自身は、桝井伊三郎宅へ毎晩通い詰めて神様のお話を聞き、おてふりを教わった。伊三郎が不在の晩は、伊三郎の家族と遅くまで話をしながら帰りを待っていたという。「カラスの鳴かん日はあっても、楢蔵さんの来ん晩はない」と伊三郎から言われたほどであった。

十五歳のころには、辻忠作と伊三郎に連れられ、諸所で雨乞《ご》いづとめを勤め、近在で身上の人があれば、そのおたすけにお供《とも》した。ちょうどそのころ、楢蔵は教祖より赤衣《あかき》を頂戴《ちょうだい》している。十七歳のころからは、近村へおてふりを教えに回り、明治二十一年にはおさづけの理を拝戴《はいたい》した。こうした御用の傍《かたわ》ら、幼少から信仰に目覚め、さまざまな先生に仕込まれた楢蔵は、自らも若者の育成に力を入れた。のちに本部員となる者をはじめ、京都帝国大学（現・京都大学）を卒業する者、教育者として活躍する者など、多くの子弟がその厳格な教育を受けて育っていった。

信仰に反対する頑固な父

ここで、矢追家の信仰に重要な役割を果たす惣五郎について少し述べたい。性格はとにかく几帳面《きちょうめん》で厳しく、大変な働き手として家業第一に努めていた。

そんな惣五郎に対して、ことは「おまえが信仰しないなら私の還暦祝も廃しておくれ。楢蔵は可愛《かわい》い孫、家の相続人や。医薬にかかっていれば祝餅《もち》をついても毒養生をする為《ため》食わすことができん。信心すれば毒も何もないとのこと。どうぞ信心しておくれ」とまで言った。当時の還暦祝は、近所や親戚《しんせき》にも披露しなければならない大切な行事で、戸主の責任とされていた。信仰を反対する惣五郎も、これには兜《かぶと》を脱いだのである。

とはいえ、惣五郎自身はお屋敷へ参拝しなかった。そんな惣五郎の頑固さを知っているためか、辻忠作は「『男の子は、父親付きで』と、お聞かせ下さる。一度、惣五郎さんが連れて詣りなされ」と諭し、「わしは、ほかでもない縁者やから申しますのや」と付け加えたという。頑固者で大した信仰心のない惣五郎であるから、もしかすると、このお諭し自体は心に治まっていなかったかもしれない。遠縁に当たる忠作に言われたために、素直に従ったのだと思う。

惣五郎と楢蔵がおぢばへ帰った旧暦二月二十二日は、法隆寺会式《えしき》の日であった。村人は皆、西方の法隆寺へ参詣するのに、惣五郎親子は反対の東方のお屋敷へ向かった。村の役まで務めた惣五郎が、村人に背を向けておぢばへ帰参する姿には、お道に対してあまり理解のない父親とはいえ、わが子を思う親心が垣間《かいま》見える。

その後、惣五郎は徐々に信仰を深めるなか、明治二十五年に家業を捨てて道一条となり、出直すまでの十五年間、お屋敷の炊事場で御用に励んだ。

父子関係を見つめ直す

こうして親子の歩みを振り返ると、楢蔵は自らの身上を通して熱心に信仰を始めたが、惣五郎は長男の身上にしるしを見せられて、この道に引き寄せられている。つまり、親神様・教祖は子供の身上を台として、その親にも「手引き」「みちをせ」をしてくだされたのである。ここに「男の子は、父親付きで」とのお言葉に込められた深い思召《おぼしめし》を感じ取ることができると思う。

翻《ひるがえ》って現代は、家族の絆《きずな》が弱まり、親子同士がいがみ合い、争い合う事件が後を絶たない。そうした家庭の多くは、父親の存在感が薄れているのではないかと、筆者は考える。

特に、父親と息子というのはギクシャクした関係に陥《おちい》りやすい。この逸話には、父子関係をあらためて見つめ直すための重要なヒントがあるように思う。昔から、父親は「一家の大黒柱」といわれた。つまり、家を支える「しん」たる父親がグラグラと揺れて頼りないと、その家庭は崩壊してしまうのではないか。

矢追家の場合、祖母・ことの陰の力は見逃せないが、それでも父・惣五郎の存在は非常に大きい。芯《しん》としての父親がおり、そこに家族の協力があればこそ成り立つ信仰であった。

教祖は、祖母に連れられてお屋敷へやって来た楢蔵に「しんのところに悩み。心次第で結構になるで」と仰せられた。それは、お道に反対する惣五郎のことを指しておられたようにも受け取れる。事実、惣五郎が心を入れ替えたことにより、矢追家の信仰は一変する。父子が絆を強く結び、共に信仰を深めていく中に大きなご守護を頂き、家族一丸の確固たる信仰となっていった。まさに、家の芯たる父親の心次第である。そうして家の芯を中心に信仰する中に、子供や孫の信仰心を一層育《はぐく》むことができるのであろう。

のちに惣五郎は、手のひらを返したかの如《ごと》く道一条になり、楢蔵の弟たちも、それぞれ教会を設立して御用に励んだ。家族そろっておぢばへ心を寄せることで、結構なご守護を次々とお見せいただいたのである。

おぢばへ、国々所々の教会へ、家族ぐるみで参拝し、信仰するところにご守護を頂く元があると信じる。信仰の喜びは家族とともに生まれ、育まれていくと、つくづく感じるのである。

六二「これより東」

山本藤四郎（一八五〇～一九二八）

■逸話要旨

明治十一年十二月、大和国笠村《やまとのくにかさ》の山本藤四郎《やまもととうしろう》は、父藤五郎《とうごろう》が重い眼病にかかり、容体が次第に悪化し、医者の手余りとなり、加持祈祷《かじきとう》も効なく、万策尽きて絶望の淵《ふち》に沈んでいたところ、知人から「庄屋敷には、病たすけの神様がござる」と聞いた。

どうでも父の病をたすけていただきたいとの一心から、長患いで衰弱し、眼病で足元の定まらぬ父を背負い、三里の山坂を歩いて、初めておぢばへ帰った。

教祖にお目にかかったところ、「よう帰って来たなあ。直《す》ぐに救《たす》けて下さるで。あんたのなあ、親孝行に免じて救けて下さるで」とお言葉を頂いた。

一カ月余り滞在して日夜参拝し、取次《とりつぎ》からお仕込みいただくうちに、さしもの重症もご守護を頂き、ついに全快した。

明治十三年夏には、妻しゆの腹痛を、その後、二男耕三郎《こうざぶろう》の痙攣《けいれん》をおたすけいただいて、一層熱心に信心を続けた。

また、ある年の秋、にをいのかかった病人のおたすけを願《ねご》うて参拝したところ、「笠の山本さん、いつも変わらずお詣《まい》りなさるなあ。身上のところ、案じることは要《い》らんで」と教祖のお言葉を頂き、帰ってみると、病人はもうおたすけいただいていた。

こうして信心するうち、鴻田忠三郎《こうだちゅうざぶろう》と親しくなった。山本の信心堅固なのに感銘した鴻田が、そのことを教祖に申し上げると、教祖からお言葉があった。

「これより東、笠村の水なき里に、四方より詣り人をつける。直ぐ運べ」と。

そこで鴻田は、辻忠作《つじちゅうさく》と同道して笠村に至り、このお言葉を山本に伝えた。

かくて山本は、一層熱心ににをいがけ・おたすけに奔走させていただくようになった。

〝親孝心第一〟に通った生涯

山本 道朗 本部准員・上之郷《かみのごう》大教会長
やまもと・みちろう

おぢばから南東へ約十二キロ、奥深い山道を上ったところに、藤四郎の生まれ育った笠村（現・桜井市笠）がある。現在は〝そば処《どころ》〟として知られ、特に休日などは多くの人々が車で訪れるようになったが、逸話に描かれた当時は山奥の僻村《へきそん》だった。

笠村へ至る一般的なルートでは、桜井市の名刹《めいさつ》・長谷寺《はせでら》の脇を通り、険しい峠を越えねばならなかった。この峠道は急峻《きゅうしゅん》で、牛馬の背に乗せた鞍《くら》がすぐに外れることから「鞍取峠」と呼ばれるほどの難所だった。そんな山奥の村で、藤四郎は嘉永三（一八五〇）年九月四日、父・藤五郎と母・もんの長男として生まれた。

病身の父を背負うて

先祖代々受け継がれた土地で、農業や林業を営んでいた山本家は明治十一（一八七八）年、大節を見せられる。父・藤五郎が脳膜炎で倒れたのである。山本家にとっては青天の霹靂《へきれき》であり、ましてや当時の医学技術や山間の僻地住まいという状況を考え合わせると、容易ならざる事態であっただろう。

藤四郎が父を背負って歩いたという
笠村付近の険しい峠道

このとき、藤四郎は「家はどうなっても構わぬ。自分はどうなっても構わぬ」と方々《ほうぼう》の医者に頼り、また近在の神社仏閣にお参りしては、父の身上平癒《へいゆ》を一心に願った。その甲斐《かい》あってか、父はいったん快方へ向かったが、ほどなく視力が衰え、やがて重い眼病となった。

こうして逸話の通り、藤四郎は知人から聞いた「庄屋敷村の生き神様」にお願いしようと、衰弱した父を背負って三里（約十二キロ）の山道を歩き、お屋敷へ帰ったのである。

その際、教祖から「よう帰ってきたなあ。直ぐに救けて下さるで。あんたのなあ、親孝行に免じて救けて下さるで」とのお言葉を頂戴《ちょうだい》し、父の眼病は全快した。

親思いの藤四郎の喜びは、いかばかりであったろうか。この後、藤四郎は「この道こそ我《わ》が踏み固む道」と入信を決意し、ご恩報じの人だすけに力を尽くすようになったのである。

「陰徳を積む道」歩き

そんな藤四郎に、教祖はたびたび優しいお言葉をかけておられる。にをいの掛かった人のおたすけを願いに、お屋敷へ帰った際には「笠の山本さん、いつも変わらずお詣りなさるなあ」とお言葉を頂いた。

教祖の温かい親心にふれた藤四郎は、なお一層熱心に布教に励むようになる。教祖を親とお慕いし、神一条に徹したからこそ、教祖から「これより東、笠村の水なき里に、四方より詣り人をつける。直ぐ運べ」とのお言葉を頂戴したのであろう。のちに、この水の少ない山奥の笠の地に、遠方から険路を越えて大勢の信者が寄り集まるようになっていった。

こうして、教祖の親心によってお育ていただく中で、藤四郎は陰徳を積むことに徹するようになる。

たとえば、こんなエピソードがある。明治二十一年陰暦正月二十六日に執り行われた教祖一年祭では、祭典の途中、警官によって参拝者が追い払われる事態となった。しかし当日、数人の信者と帰参した藤四郎は、祭典が始まるまで、いつものように便所掃除や草引きをしていたため、使用人と思われたのか追い払われずに最後まで参拝することができた。

同行した信者は、藤四郎の帰宅が遅いので「きっと警察に連れていかれたのだろう」と心配していたが、藤四郎は「参拝できてありがたかった」と夜遅くに喜んで帰ってきたという。

また晩年には、こんな話も残されている。藤四郎は、ある青年とおぢば近辺の道の補修のため、わざわざ人目を避けて夜更《よふ》けに出かけた。ハッピを裏返しに着て作業する藤四郎を不思議に思った青年が、そのことを尋ねると、「今夜はええお月さんやろ。これだけ明るかったら誰《だれ》かに見られるか分からん。もし見られてもハッピを裏にして着ておくと、どこの誰とも分からんやろ」と話したと伝わっている。

「おさしづ」には、「さあ〳〵神一条の道は、表と裏とある。裏の道は誠の道、一つさあ〳〵日々に運ぶ処《ところ》は、誠というは通り難《に》くいものである。蔭《かげ》の道は難しい道、表の道は通りよい」（明治21・5・21）と教えられる。その教え通り、藤四郎は人目につかないところで誠真実を尽くし、生涯かけて「陰徳を積む道」を歩んだのである。

天から下りた〝理の綱〟

さて、表題の逸話をもとに藤四郎の歩みを振り返ると、その信仰信念の根幹には「親孝心」と「陰徳を積む道」の二つがあることが分かる。

親を思うがゆえに入信した藤四郎であったが、実はたすけていただいた張本人の父・藤五郎は、その後お道を信仰したわけではない。それどころか、息子の信仰に厳しく反対した。

後年、藤四郎は「おたすけ先へ向かおうとすると、激怒した父に、背後から石を投げつけられたことも再三あった」と、頭の古傷を指しながら話したという。

親思いの藤四郎なら、父の言いつけを守ってお道から離れたとしても不思議ではない。しかし、そうはしなかった。藤四郎が、常に教祖をお慕いし、その教祖がお教えくださる親神様への感謝を忘れず、ご恩報じに励んだのはなぜか。

「おさしづ」に、「親というものはどれだけ鈍《どん》な者でも、親がありて子や。子は何ぼ賢うても親を立てるは一つの理や」(明治22・10・14)とお示しくださる。

藤四郎は信仰に反対する父であっても、孝養の限りを尽くして、昼間は家業の野良仕事に精を出し、仕事を終えてから三里五里とおたすけに歩いた。その姿からは、肉親である父と、人間の親である神様への親孝心の信念がうかがえる。

のちに藤四郎は「天は理の綱で引きあげるかな」との言葉を書き残している。父をたすけてもらいたい一心で、医者・薬から近在の神々に至るまで、思いつく限りの手を尽くしたが、容体は次第に悪化した。絶望の淵に沈みかけていたさなか、最後にたどり着いたお屋敷で、教祖からお聞きした教えこそ、まさに天から下ろしてくださった〝理の綱〟であったろう。

人間の親たる神様の存在を知った藤四郎は、人間思案や常識を捨てて、〝理の綱〟を決して放すまいと思ったに違いない。そして、教祖の教えを信じきり、「親孝心第一」に歩む中に、信仰の喜びをつかんでいったのではないか。その結果、藤四郎は親神様・教祖にお喜びいただくために、通りにくい誠の道である「陰徳を積む道」を歩んだのだろう。

これこそ、教祖が仰せになった、本当の意味での〝親孝行〟ではないか。

◇

今日の社会では、親子関係のこじれが原因で悲惨な事件が相次ぎ、家庭の崩壊が叫ばれて久しい。これは、親を敬う心を忘れた姿の表れであろう。また、親孝心がいかに大切な教えかを知る私たちでさえ、ややもすると、世間の風潮に流され、肉親においても、理のうえにおいても「親に喜んでもらうことを自らの喜びとする信仰」が薄れてはいないだろうか。

いま私たちは、自らの手の中に何を握りしめているのか。それは世俗的な見栄《みえ》や体裁《ていさい》、浅はかな人間思案などではないか。信仰の代を重ねた今日こそ、それをあらためて確かめることが求められていると思う。

親神様・教祖、そして父親に対して「親孝心第一」に通った藤四郎が手にした〝理の綱〟は、目には見えなくとも、常に私たちの目の前にあることを忘れてはいけない。

六九「弟さんは、尚もほしい」

宮森与三郎（一八五七～一九三六）

■逸話要旨

明治十二、三年ごろの話。宮《みや》森《もり》与《よ》三郎《さぶろう》が、お屋敷へお引き寄せいただいたころ、教祖は「心の澄んだ余《よ》計《け》人《びと》が入用《いりよう》」と、お言葉を下された。

余計人と仰せられたのは、与三郎は、九人兄弟の三男で、家に居ても居なくても、別段差し支えのない、家にとっては余計な人という意味であり、心の澄んだというのは、生来、素直で正直で、別段欲もなく、殊にたんのうがよかったと言われているから、そういう点を仰せになったものと思われる。

また明治十四年ごろ、山沢為造《やまざわためぞう》が、教祖のおそばへ寄せてもらっていたら、「為造さん、あんたは弟さんですな。神様はなあ、『弟さんは、尚《なお》もほしい』と仰《お》っしゃりますねで」と、お聞かせくだされた。

先案じせず　真の苦労の道通る

宮森与一郎　本部員・明拝《めいはい》分教会長

みやもり・よいちろう

与三郎は安政四（一八五七）年三月五日、磯城《しき》郡川東《かわひがし》村大字檜垣《ひがい》（現・天理市檜垣町）で、父・岡田善九郎と母・知嘉《ちか》の三男として生まれた。

当時は名を与之助《よのすけ》といい、入信した当初は岡田与之助と名乗っていた。その後、明治十五（一八八二）年六月、二十六歳で宮森家の養子に入ったのを機に宮森与三郎と改名する。そのため『稿本天理教教祖伝』には、岡田と宮森の両方の名前が記されている。ここで注目したいのは、改名後も元の名で呼ばれることがあったということ。明治二十年陰暦正月二十六日に執り行われたおつとめの役割を見ると、岡田与之助の名で記録されているのが分かる。

当時、お屋敷に出入りされていた先生方の中にあっては、年齢も若く、本人にとっては、いずれの名で呼ばれても、さほどの頓着《とんちゃく》はなかったのだろう。

与三郎の人物像を一番的確に表す言葉としては、この「頓着のなさ」が挙げられよう。

「ここに居いや」とのお言葉受け

生家は農家であったが、与三郎は十五、六歳のころから左腕が痛むようになり、やがて農作業ができなくなってしまった。医者に診《み》てもらったが、一向に回復しない。昼も夜も夜具にもたれて苦しむなか、姉・ワサから「一遍、庄屋敷へやらしてもろうたら、どうや」と、にをいを掛けられ、明治七年十八歳のとき、初めてお屋敷へ帰らせていただいた。

教祖にお目通りした与三郎は、「与之助さん、よう帰って来たなあ」とのお言葉を頂くと同時に、腕の疼《うず》きをピタリと治めていただいた。しかし、喜んで家へ戻ると、また痛みだすので、夜の明けるのを待ちかねてお屋敷へ。すると、不思議と痛みが消えた。そうしたことが何度も繰り返されたので、教祖にお尋ね申し上げたところ、「与之助さん、ここに居《い》いや」とお言葉があった。こうして与三郎は、お屋敷に置いていただくことになったのである。

与三郎は、実家へ戻っても、三男という立場であることから責任もなく、教祖の元に居れば腕の痛みを感じないという不思議な働きを感じて、なんのためらいもなくお屋敷に入り込ませていただいたのだろう。

以来、地方へ布教に出たり巡教に行ったりすることはあっても、お屋敷に詰めるのが常であった。与三郎の心の根底にあったのは、表題の逸話の中にある「心の澄んだ余計人が入用」とのお言葉ではなかっただろうか。

「余計人」とは、三男の身で家系を引き継ぐ必要のないという意味のお言葉であろうし、「心の澄んだ」とは、理屈や世間体にとらわれず、立場や名誉へのこだわりがない姿に仰せくだされたものと受けとめられる。世の中の風潮や常識にこだわらない「頓着のなさ」があったからこそ、お屋敷へ引き寄せられ、教祖のお仕込みを素直な心で受けさせていただけたのだろう。

秀司様のお供で地福寺へ

与三郎の足跡として知られるのは、明治十三年、教祖の長男・秀司様が転輪王講社設立を出願するため、金剛山地福寺《こんごうざんじふくじ》へ赴《おもむ》かれた際、そのお供《とも》をさせていただいたことであろう。

当時、官憲の干渉・迫害が厳しさを増すなか、秀司様をはじめとする側近の人々は、官憲の目を逃れるために策を講じていた。その一つとして「地福寺へ願い出てみてはどうか」という話が出たが、これに対して教祖は「そんな事すれば、親神は退く」とまで仰せられた。

それでも秀司様は、地福寺へ願い出ることを決意された。

当時、秀司様は六十歳。足の痛みも抱えていて、山道が多い地福寺までの道のりを一人で歩けるような状態ではなかった。かといって教祖の厳しいお言葉を思ってか、誰《だれ》も秀司様のお供をしようとする者がいない。そこで同行を申し出たのが、当時二十四歳の与三郎であった。足の悪い秀司様を一人で行かせられないとの思いがあったのだろう。

大正九年の『みちのとも』二月号の中で、与三郎は「途中、私は荷物をもって秀司先生は足が悪いので車にのってゆかれたが、芋蒸峠《いもむしとうげ》では車がゆかぬので、秀司先生は下りて登られたが、しんどくなって、腰にさしていた矢立《やたて》（携帯用の筆記具）までもってくれといはれた」「（吉野の寺に泊まった際）秀司先生の肩流しに行ったら、『神様は、あんなに止めやはるけど、警察が喧《やかま》しいふもの仕方がない』とおっしゃってをられた」と当時を回顧している。

教祖をお慕いする秀司様の至情と苦しいお心を後世へ伝えることが、与三郎の役目の一つだったのかもしれない。

とにかく頓着のない人物

平常はお屋敷へ詰めていた与三郎だが、山城《やましろ》や近江《おうみ》方面へ布教に出るなど、にをいがけ・おたすけにも積極的だった。なかでも山城では、梅谷村の笹西治郎兵衛、駒谷忠四郎らににをいが掛かり、その縁で「永神組」という講社が結ばれ、現在の梅谷大教会へとつながっている。

与三郎の人柄を表すエピソードがある。明治十六年、高井直吉先生と遠州へ巡教に行き、共に布教に歩いた。その出発の際、たまたまお屋敷で米をついていた与三郎は出かけようとする高井先生を見つけて、どこへ行かれるのかを尋ねた。すると、遠州へ布教に行くというので、その場でついていくことを決めたという。その日の着の身着のままで、遠州まで布教に行こうとするところが与三郎らしい。

また、高井先生とは年齢が近かったこともあり、よく行動を共にしていた。高井先生は『みちのとも』（昭和11年4月号）の誌上で、与三郎のことを次のように振り返っている。

「本席さんと宮森はんとわしが弁当をこしらへて薪《まき》をしにいった事があった。宮森はんは山につくと、『腹がへった。わしぬくい間に弁当食ふて仕舞《しま》ふわ』と言ふて、一人で弁当を平らげて仕舞った。（中略）宮森はんは先の事など少しも考へなかった」

「雨乞《ご》ひづとめの時やった。女神様が一人不足やったので宮森はんが『くもよみのみこと』になり女のお面をかぶり、腰には女帯を締めてお勤めをしたのや。処《ところ》が雨乞ひづとめもすんで警官に叱《しか》られた折、警官が宮森はんのお面を取った。処が男の顔が出てきたので警官は、『なんだこいつ男か』と言って宮森はんの頭をぽんと一つ叩《たた》きよったことがある」

与三郎と多くの行動を共にした高井先生からも、とにもかくにも与三郎を「頓着のない」人物として捉《とら》えていたことが分かる。

また、それは家族にとっても同じであったようだ。ある日、お屋敷から戻った与三郎が教服のまま鳥小屋へ入っていこうとしたので、息子の與彦《ともひこ》が「教服を着て鳥小屋に入ったりすると勿体《もったい》ないですよ」と言うと「おまえらは形ばかり思ている、心さへきれいなら神様はおこらへん」と、一人で鳥小屋で何かをしていたという。

「わが身どうなっても」と

さて、こうした与三郎の人生を振り返る中で、現代に生きる私たちは、どのようなことを思案すべきだろうか。

もとより全員が全員、何ごとにも頓着なく生活する社会が良いとは限らない。無頓着な人間ばかりでは、社会が成り立たないからである。しかし、言い方を換えれば、「頓着がない」ということは「先案じをしなかった」ともいえるのではないだろうか。

ここが大切なポイントだと思うのである。

成績が悪いと良い学校へ行けない、良い学校へ行けなかったら良い会社に就職できない……

などと先案じをしてしまい、自分で自分を追い込んでしまう人もいるだろう。また、おたすけに際して、頭では分かっていても、親神様にもたれきれず、「自分自身がなんとかしないと」との思いから、余計な先案じをしてしまう。

誰しも一度や二度、そんな経験をしたことがあるのではないだろうか。

特に、信仰の代を重ねている者に先案じをしてしまう人が少なくないように思う。初代の信仰に立ち返り、心に勢いをもって歩みを進める中に〝先案じの苦労〟ではなく〝真の苦労〟を積み重ねたいものである。

真の苦労とは、教祖に喜んでいただきたいと、わが身どうなってもの心で御用に励み、たとえつらい節を見せられても、ご守護を信じ、喜び勇んで通らせていただくことではないだろうか。初代はきっと、自分にとっては苦労のように感じられることも「神様が喜んでくださるならば」と、苦労を苦労と思わなかったに違いない。

確かに与三郎は、周囲から気楽に映った面も多々あっただろう。しかし、先案じを一切することなく、教祖にお喜びいただける道を愚直に歩んだ点においては、真の苦労を積み重ねたといっていいのではないだろうか。

信仰三代、四代、五代目となる私たちが、楽な道ばかりを歩んでいては申し訳ない。先案じをせず苦労を重ね、一歩でも先人の姿に近づき、教祖にお喜びいただけるよう努力したいものである。

七一「あの雨の中を」

井筒梅治郎（一八三八～一八九六）

■逸話要旨

明治十三年四月十四日、井筒梅治郎《いづつうめじろう》夫婦は娘のたねを伴って、初めておぢばへ帰らせていただいた。大阪を出発したのは、その前日の朝で、豪雨であったが、お昼ごろにはカラリと晴れ、途中一泊して、到着したのは、その日の午後四時ごろであった。

教祖は「あの雨の中を、よう来なさった」と仰せられ、たねの頭を撫《な》でてくださった。

さらに「おまえさん方は、大阪から来なさったか。珍しい神様のお引き寄せで、大阪へ大木の根を下《お》ろして下されるのや。子供の身上は案じることはない」と、たねの体の少し癒《い》え残っていたところに、お紙を貼《は》ってくださった。

間もなく、たねは全快のご守護を頂いた。

梅治郎の信仰は、教祖にお目にかかった感激とふしぎなたすけから激しく燃え上がり、ただ一条《ひとすじ》に、にをいがけ・おたすけへと進んでいった。

揺るぎない〝大木の根〟下ろす

井筒梅夫 本部准員・芦津《あしつ》大教会長

いづつ・うめお

梅治郎は天保九（一八三八）年、現在の大阪市西区本田《ほんでん》で生まれた。井筒家は萬《よろず》綿商を営んでおり、梅治郎は手堅い商人だった。

町の有力者でもあった梅治郎は、人の難儀を見過ごすことができず、町内で揉《も》めごとが起こるたびに、争いを治めるために出ていったという。

また梅治郎は、大峰山《おおみねさん》の行者《ぎょうじゃ》の先達《せんだつ》を務めていたほど、修験道《しゅげんどう》信仰にも熱心だった。

娘の腫れ物の身上から

梅治郎の入信は明治十二（一八七九）年、娘・たねの身上からだった。

生後間もなく、たねの下半身一面にイボ状の腫《は》れ物ができた。そのイボが、花が咲いたように膿《う》んではつぶれるという状態になった。これより先、四人の子供を相次いで亡くした梅治郎夫婦は、医薬の限りを尽くし、修験道の護摩《ごま》を焚《た》いて祈祷《きとう》もしたが、たねの病状は悪化するばかりであった。

ちょうどそのとき、隣人から紹介された布教師のおたすけで不思議なご守護を頂いた。感激した梅治郎は、修験道から一転、熱心にお道を信仰するようになったのである。

以来、その布教師とともに病人の家へにをいがけ・おたすけに出かけ、次第に自らもおたすけに掛かるようになった。

梅治郎が初めておたすけをしたのは、失明寸前の隣人だった。この隣人が不思議なたすけを頂いたことが噂《うわさ》となり、梅治郎の人柄と信用も手伝って、病気に悩む人たちが遠近から大勢おたすけを願いに来るようになったのである。

「一歩も遅れてはならん」

こうして梅治郎がおたすけに励むなか、教祖にお目にかかって御礼申し上げたいとの思いが日に日に募り、翌十三年に初めてお屋敷へ帰らせていただいた。

表題の逸話にあるように、大阪を出発した日は、あいにくの大雨だった。実は、梅治郎が初めておたすけをした隣人も同道する予定だったが、悪天候のために取りやめた。それでも梅治郎夫婦は「傘《かさ》もあれば蓑《みの》もある」と、一歳になったばかりのたねを背負い、親子三人でお屋敷へ向かった。

道中、雨が上がって好天となり、翌日、お屋敷に到着。教祖は「あの雨の中を、よう来なさった」と、たねの頭を撫でてくださった。

このとき梅治郎夫婦が、大雨を理由に帰参を延期していたら、「大阪へ大木の根を下ろして下

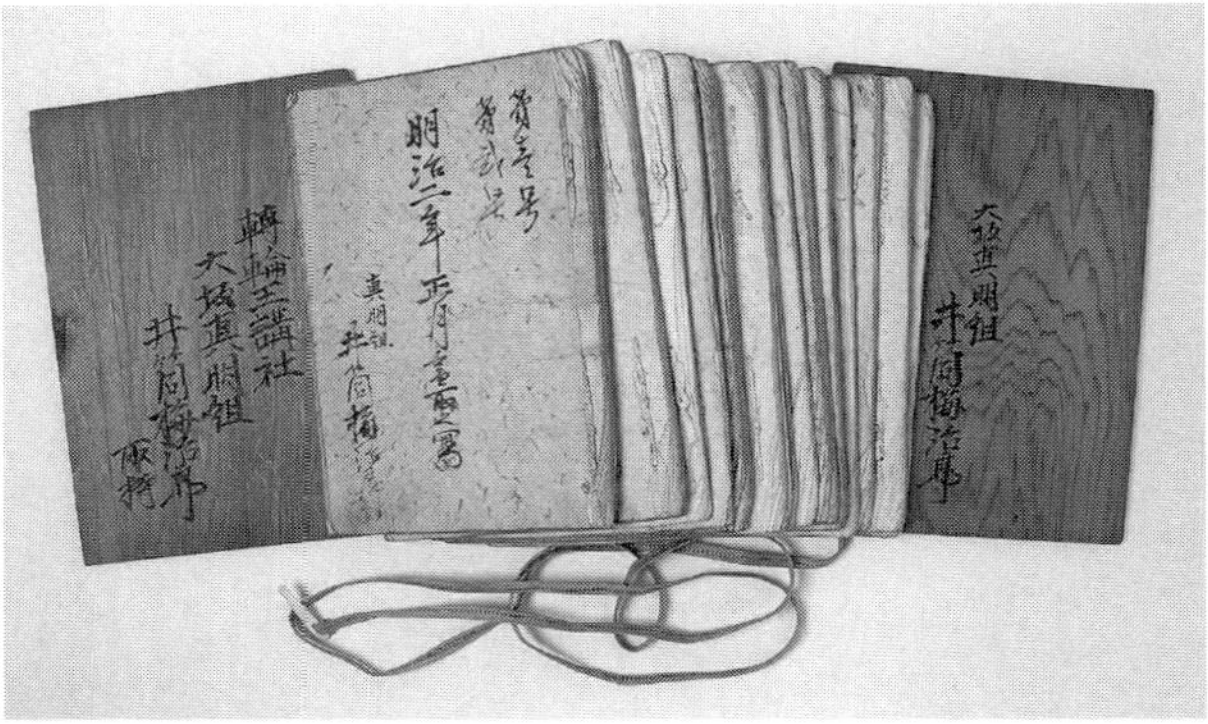

梅治郎が筆写した「おふでさき」

されるのや」との教祖のお言葉は頂戴《ちょうだい》できなかったのではないか。もとより、その後の道の広がりもなかったに違いない。このことから梅治郎は、お道のうえで決心したことは、断じて人間思案や先案じで曲げてはいけないと強く心に刻んだことであろう。

教祖の親心に感激した梅治郎は、信仰の炎を燃え上がらせた。大阪の地に「大木の根」を下ろすべく、にをいがけ・おたすけに奔走した。そして、事あるごとにお屋敷へ帰り、真実を運ぶ道の生涯を歩むのである。

翌十四年には、梅治郎のもとに大勢の信者が寄り集うようになり、いよいよ講社結成の気運が高まった。そこで一同が相談のうえ、講名拝戴《はいたい》のお許しを頂こうと、大勢の信者を伴って教祖のもとへ伺った。

この講名拝戴に際して、梅治郎の生涯の信念につながる次のエピソードがある。

お屋敷への道中、梅治郎ら一行は、のちの船場大教会初代会長・梅谷四郎兵衛と一緒になった。四郎兵衛も講名拝戴のためお屋敷へ帰るところだった。到着した一行が小門をくぐるとき、梅治郎は背丈が五尺九寸（約一七九センチ）と大柄だったため、小柄な四郎兵衛に先を譲った。

こうして教祖にお目通りした梅治郎は「明真組《めいしん》」の講名を願い出た。ところが四郎兵衛も、実は「明心組《めいしん》」を願い出ていたのである。教祖は「明心組は、先に来た梅谷さんにやった。井筒さんには、ひっくり返して真明組をやろう」と仰せになったという。

梅治郎の入信は、四郎兵衛より二年早い。その日、宿へ戻った梅治郎は、皆を集めて「この道は一歩も遅れてはならん。入信の後先《あとさき》の問題ではない。おぢばへの運びの後先の問題である」と、切々と諭したという。

お喜びくださることを

こののち、おつとめの完成を急がれる教祖は、かんろだいの石普請をお急き込《せ》みになった。

教祖は、この石出しに当たり、山から麓《ふもと》までを真明組、麓からお屋敷までを明心組が担当するようにと命じられた。

かんろだいの石出しといえば、当時では理の重い御用であったと思われる。なぜ大切な御用の一端を、梅治郎ら真明組に命じられたのだろうか。

このことを考えるうえで、筆者は、天理教のことが初めて掲載された『大坂新報』(明治14年7月17日付)の記事に注目している。これは「近ごろ奇怪なる一老婆こそ現れたり。処《ところ》は大和の国丹波市辺《たんばいちあたり》に」と書き出される、本教に対する誹謗《ひぼう》中傷の記事である。

その中で「その影響は遠くわが本田、九条へも波及し」と、梅治郎が信者の集会所として本田寄所を置き、本田、九条周辺を活動の拠点としていた真明組の動きを取り上げ、「妄信者《もうしんじゃ》となりし者もまた二百余名の多きに至るのみならず、その内五十余名は丹波市地方に出張し、親しく老婆の体を拝み、日夜これを守護するよし、また近々妄信者一同申し合わせ、甘露台と名づくる高さ三丈余のものを石にて造り、老婆に奉納せんと協議中なるが」と、図らずも人々が、かんろだいの石普請に心を尽くしている姿を描いている。

また「甘露臺寄附並《ならび》ニ入費控帳」には、その筆頭に「五月七日　一金五十銭　大阪本田町通

三丁目　井筒梅次郎」と記されている。「この道は一歩も遅れてはならん」との信念を表すかのように、梅治郎は〝いの一番〟に運んでいるのである。

教祖にお喜びいただくことが、そのまま梅治郎の喜びであった。そして、いつも教祖をお慕いし、お屋敷を思っておぢばに真実を尽くした。教祖にお喜びいただきたい、思召《おぼしめし》に応えさせていただきたいという一途《いちず》な信仰に、教祖は、かんろだいの石出しのお役に携わる喜びを、お与えくだされたのだと悟らせていただく。

真明講時代に使われた
おつとめ道具の太鼓

価値観喪失の時代に

こうして梅治郎の道の歩みを振り返れば、すべては教祖から頂いたお言葉「大阪へ大木の根を下ろして下されるのや」に始まることが分かる。その根から真明組が芽を吹き、流れを汲《く》む教線は四方八方へ伸び広がっていったのである。たとえ世間の反対・

中傷があろうとも、どこまでも教祖をお慕いし、ぢばに真実を尽くし運び、布教伝道に労を惜しまない梅治郎の揺るぎない姿は、まさに〝大木〟のごとくであったといえよう。

翻《ひるがえ》って、現代は「価値観喪失の時代」といわれて久しい。さまざまな分野でグローバル化が進み、情報が氾濫《はんらん》し、社会が多様化する中で、伝統的価値観や規範が崩れつつある。その結果、一人ひとりが生きる拠《よ》り所《どころ》を見失っているように見える。何か満たされない、何かが足りないと感じる半面、なんとなく、今さえ良ければそれでいいという社会の風潮に流されてはいないだろうか。

こうした現代社会において、梅治郎の姿に見られるように、をやのご恩を感じたら、世の中の反対や中傷があろうとも、定めた心を揺るがすことなく、真っ先駆けてご恩報じを実行する信仰が求められているのではないか。

世界たすけの使命を担う私たちようぼくは、この道をおいてほかに道はなしという気概と、不退転の精神で、この道を歩むことを忘れてはならないと思う。

八五「子供には重荷」

松井忠作（一八七四～一九五一）

■逸話要旨

明治十四年晩春のこと。ここ数年来、歯の根に蜂《はち》の巣のように穴が開き、骨に届いて、日夜泣き暮らしていた松井けいは、たまたま家の前を通りかかった鋳掛《いかけ》屋夫婦のにをいがけで、教えられた通り、茶碗《ちゃわん》に水を汲《く》んで、「なむてんりわうのみこと」と唱えて、これを頂くと、たちまち痛みは鎮まり、二、三日のうちに、年来の悩みがすっかり全快するというふしぎなたすけを頂いた。

そのお礼詣《まい》りに、磯城《しき》郡耳成《みみなし》村木原《きはら》から、三里の道のりを歩いておぢばへ帰り、教祖にお目通りした。

教祖は、三升《じょう》の鏡餅《もち》を背負うて来た、当時八歳の長男忠作《ちゅうさく》に、お目をとめられて、「よう、帰って来たなあ。子供には重荷やなあ」と、お言葉を下された。

忠作は、このお言葉を胸に刻んで生涯忘れず、いかなる中も通りきって、たすけ一条に進ませていただいた。

ぢば一筋に徹しきる素直な心

松井 龍一郎《まつい・りゅういちろう》 明城《めいじょう》大教会長

忠作は明治七（一八七四）年、父・忠四郎と母・けいの長男として、奈良県十市《とおいち》郡木原村（現・橿原《かしはら》市木原町）で生まれた。木原の里は、大和三山の一つ、耳成山の西麓《せいろく》にあり、わずか三十戸余りの小さな農村であった。

貪欲に教えを求めて

明治十四年晩春、けい（当時三十一歳）は、数年来の歯の痛みに悩んでいた。そんなある日、鍋や釜などの修理を請け負う鋳掛屋の夫婦が木原村へやって来て、「庄屋敷村の生き神様」の話を聞かせた。

けいは、その夫婦に教えられた通り、神棚にお水を供え、「なむ天理王命」と唱えてから、お水を頂いたところ、歯の激痛がたちまち治まった。鮮やかなご守護を頂いたけいは早速、当時八歳の忠作に三升の鏡餅を背負わせ、三里（約十二キロ）の道のりを歩いて、急ぎおぢばへと向かった。

こうして逸話の通り、三升の鏡餅を背負って帰参した幼い忠作の姿に、教祖は「子供には重荷やなあ」と、優しくお言葉をかけられたのである。このお言葉こそ、忠作が道一条を決意し、生涯〝重荷〟を背負ってこの道を通りきる心を定めるもととなった。さらには、今日の明城大教会へと発展する尊いひと言でもあった。

松井家は裕福な農家であったものの、忠四郎の代にはほとんどの財産を食いつぶし、忠作が十八歳で家督を相続したときには無一文となっていた。このころは、三人の弟もまだ幼く、忠作は家族を養い、家を復興させるために必死に働き、青物の行商なども厭《いと》わなかった。その後、弟・万次郎が十五歳で大阪へ出て、鋳物《いもの》業の修業を始めたことが、のちの明城の道の発展に大きく寄与することになる。

貧窮の中にも、けいと忠作は着実に信仰を深めていった。おぢばでは辻忠作に教えを受け、さらに辻忠作の指示で敷島の山田伊八郎に付き、昼は仕事に精を出し、夜は倉橋村へ通って教理を学んだ。その後も、村田五良平《ごろへい》(のちの明和大教会初代会長)に師事して、貪欲《どんよく》に教えを求めたという。

こうして明治二十七年十一月十九日、忠作はおさづけの理を拝戴《はいたい》。三十二年には妻・春野と結婚し、万次郎が興《おこ》した鋳物工場を、ほかの兄弟とともに手伝う傍《かたわ》ら、布教に励んだ。

三十五年には、大阪市南区北桃谷《きたももだに》に寄所を開設した。鋳物業が忙しくなると、忠作は木原と大阪を行き来する日が続いたが、二年後に勃発《ぼっぱつ》した日露戦争に召集され、九死に一生を得て帰還したことから、道一筋に通ることを固く決意したという。

明治四十一年六月十一日、忠作は明城布教所の開設のお許しを頂いて、初代所長に就任。松井家入信以来二十七年、忠作三十四歳のときであった。

次々と大仕事を請け負い

この後、教勢が伸びて明城支教会となり、大正五（一九一六）年の教祖三十年祭を目標に進められていた本部神殿（現在の北礼拝場）の普請では、用水鉢の鋳造《ちゅうぞう》を任された。

「鋳物こそ、わが天与の業《わざ》」と確信した忠作は、前例も経験もない大仕事ながら、勇み心そのままにこのご命を引き受け、献納の心定めをした。

この用水鉢は弟・万次郎が鋳造し、中山眞之亮・初代真柱様が揮毫《きごう》された「用水」の文字を、金色に輝く標記とした。大正二年八月十五日、大阪市龍造寺町《りゅうぞうじ》の松井鋳物工場からおぢばへ、夜を徹して奉曳《ほうえい》された。

その際の、こんなエピソードが残っている。一行が大和額田部《ぬかたべ》の佐保川《さほがわ》に架かる高橋に差しかかったとき、用水鉢のあまりの重量のために橋げたがぐらつき始めた。そのとき忠作は、己《おのれ》

昭和普請の際、本部神殿へ献納する用水鉢を奉曳する明城の一行

の危険も顧みず、身を挺《てい》して橋下に降り、「それ曳《ひ》け！」と叱咤《しった》激励したところ、一同も「会長を助けろ」とばかりに奮起して、なんとか橋を渡りきったという。

その後も数々のぢばへの伏せ込みを経て、明城支教会は大正十年、大阪市東区龍造寺町八番地で神殿建築のお許しを頂いて普請にかかり、翌十一年四月に落成。十二年六月六日には、分教会へと昇格した。

この普請のさなか、教祖四十年祭教会倍加運動の一環として三日間に教会五カ所新設の命があり、忠作以下一同は三日三夜《みっかみよさ》の願いをかけ、必死の努力によって、親の思いに沿うことができたという話も語り継がれている。

昭和四年には、忠作は一布教師に立ち返って荒道布教を志し、部内の布教師を引き連れて上京。すでに東京には部内教会が設立、熱烈な布教が展開されていたが、忠作は、さらに独創的な形の集団布教を試み、自ら陣頭に立って一同を鼓舞激励した。まさに寝食を忘れるほどの荒道布教であったと伝えられている。

昭和普請の際には、教祖殿用水鉢六基、南北礼拝場用水鉢八基を献納。これも忠作の「おぢばに降る天水は、みな受ける」との信念によるものである。

こうして忠作は、次々と大仕事を請け負い、そのたびに信仰の炎を燃やして御用に励んだ。その歩みとともに明城の道も伸び広がり、昭和十五年二月十日、大教会昇格のお許しを頂いている。

この後、忠作は戦中・戦後の混乱期も荒道布教を続け、昭和二十六年七月二十八日、惜しまれつつも七十八歳で出直した。生涯かけて〝重荷〟を背負い続けた一布教師の人生の幕は静かに閉じられたが、その力強い信念は次代へ末代へと受け継がれている。

〝重荷〟を背負う心構え

忠作の人生の歩みを振り返ると、表題の逸話にある「子供には重荷やなあ」との教祖のお言葉を、常に心に置いて生涯通りきった姿がうかがえる。

このお言葉を教祖から頂戴《ちょうだい》したとき、忠作はまだ八歳であった。それでも忠作は、母をたすけていただいたお礼にと、健気《けなげ》にも三升の鏡餅を背負って三里の道を歩き、教祖のもとへ参ったのである。

小さな体にとっては、とてつもない重労働であったことだろう。それだけに、教祖から優しいねぎらいの言葉をかけていただいたとき、忠作は子供心にも大きな喜びを感じたのではないか。そして母・けいは、お屋敷から家へ戻る道中に、さらにはおぢばへ帰るたびごとに、わが子に信仰の喜びを語ったに違いない。

ここに筆者は、この道において、親から子へ教えを伝えることの大切さを思うのである。あの日、忠作が子供心に感じた「重荷」は、素直な心の成人とともに次第に大きくなり、生涯揺るがぬ信念となっていったのであろう。

先述した大正・昭和の両普請における用水鉢の献納や、三日間で教会五カ所の新設のご命を請け負ったことなどは、まさに〝重荷〟を背負った姿そのものといえる。

のちに忠作は「引き受けようというから、任せようという神様の理が生まれるのである。安

忠作が生まれた耳成山西麓の木原村一帯

心なものなら誰《だれ》でも引き受ける。けれど、皆が逃げてしまうようなものを一人で引き受けようというところに真実がある」との言葉を残している。

こうした忠作の生きざまと考え合わせて、この逸話をさらにもう少し読み深めてみると、現代に生きる私たちにとって大切な心構えのヒントが見え隠れする。

教祖は、幼い忠作が三升の鏡餅を背負う姿に目をとめられて、「子供には重荷やなあ」とのお言葉をかけられた。それは、可愛《かわい》い子供を思う親心にあふれたお言葉であり、言い換えるならば「無理な重荷は背負わせない」との意味に受け取ることもできるのではないか。

人生における身上・事情などの節、あるいはようぼくとして与わった御用は、すべて子供の成人を望まれる親神様・教祖の親心によるものである。つまり、人間の側では困難と思える〝重荷〟は、すべて神様が与えてくださった、背負うことのできる〝成人への糧《かて》〟なのである。

そして、この〝重荷〟を背負うための大切な心構えが、忠作の信仰の原点ともいえる、ぢば一筋に徹しきる素直な心にあると思えるのである。

八六「大きなたすけ」

岡本善六（一八四九～一九一二）

妻・シナ（一八五六～一九一二）

■逸話要旨

大和国《やまとのくに》永原《ながはら》村の岡本重治郎《おかもとじゅうじろう》の長男善六《ぜんろく》と、その妻シナとの間には、七人の子供を授かったが、無事成人させていただいたのは、長男の栄太郎《えいたろう》と末女のカンの二人であった。

明治十四年八月ごろ、永原村から約一里の小路《しょうじ》村で六町歩の田地を持つ農家、今田太郎《いまだたろ》兵衛《べえ》の家から使いが来た。「長男が生まれましたが、乳が少しも出ないので困っています。何《な》んとか、預かって世話してもらえますまいか」との口上である。

あいにくシナの乳は出なくなっていたので、いったんは断った。しかし、「そこをどうしても」と言うので、思案に余ったシナは、すぐさまお屋敷へ向かった。

そして、教祖にお伺いすると、「金が何んぼあっても、又《また》、米倉に米を何んぼ積み上げていても、直《す》ぐには子供に与えられん。人の子を預かって育ててやる程《ほど》の大きなたすけはない」と仰せになった。

シナは「よく分かりました。けれども、私は、もう乳が出ないようになっておりますが、それでもお世話出来《でき》ましょうか」と、押して伺うと、教祖は「世話さしてもらうという真実の心さえ持っていたら、与えは神の自由《じゆうよう》で、どんなにでも神が働く。案じることは要《い》らんで」とのお言葉である。

これを承《うけたまわ》って、シナは神様におもたれする心を定め、「お世話さして頂く」と先方へ返事した。

すると早速、小路村から子供を連れてきたが、その子を見て驚いた。生まれて百日余りにもなるというのに、やせ衰えて泣く力もなく、かすかにヒイヒイと声を出していた。

シナが抱き取って乳を飲まそうとするが、乳は急に出るものではない。一時は心配したが、二、三日経《た》つと、不思議と乳が出るようになってきた。そのおかげで預かり子は見る見るうちに元気になり、順調に育った。

シナが、丸々と太った預かり子を連れて、お屋敷へ帰らせていただくと、教祖は、その子をお抱き上げくだされて、「シナはん、善《よ》い事をしなはったなあ」と、おねぎらいくだされた。

シナは、教祖のお言葉に従って通るところに、親神様の自由自在をお見せいただけるのだということを、身に染みて体験した。シナ二十六歳のときのことである。

教祖のお言葉を素直に受けて

岡本 善弘 旭日《あさひ》大教会長
おかもと・よしひろ

善六は嘉永二（一八四九）年十一月二十四日、岡本重治郎とルイの長男として、永原村（現・天理市永原町）に生まれた。岡本家は代々農業を営み、村でも一、二といわれる田地《でんじ》持ちであった。

まずは、岡本家の信仰の元一日について述べたい。

長男の身上を機に神一条へ

元治元（一八六四）年の年明け早々、山中忠七の妻・そのの枕元《まくらもと》には親戚《しんせき》一同が集まっていた。忠七の姉であるルイも、その場に居合わせた。医者に見放され、いよいよそのの死期が迫っていたさなか、「庄屋敷の神様にお参りしなはれ」と言う者がおり、忠七は藁《わら》にもすがる思いでお屋敷へ帰り、そのは不思議なご守護を頂いた。

この一部始終を見ていたルイが夫・重治郎に話して、岡本家の信仰は始まる。重治郎は、忠七に同道して教祖のもとへ足を運び、熱心に信仰するようになった。

慶応元（一八六五）年、重治郎は入信間もないにもかかわらず、異端を唱えた針ヶ別所村の助造宅へ、飯降伊蔵、山中忠七、西田伊三郎とともに、教祖のお供《とも》をさせていただいた。翌年には、教祖から黒骨の扇を授かっている。

明治十一（一八七八）年に六十歳で出直すまで、重治郎は教祖のもとへコツコツと運んだのである。

重治郎の出直し後、長男の善六が家督を相続した。もともと善六は朴訥《ぼくとつ》な人柄で、体も大きく、村人からは「田植えの名人」と称されて慕われていたようだ。このとき、善六は村の役などを務めていたためか、一、二年ほど信仰から遠ざかっている。それでも、妻・シナが夫に代わってお屋敷へ通い、岡本家の信仰をつないでいた。

明治十二年、大和一円にコレラが大流行した。善六の長男・栄太郎（当時七歳）も高熱に冒され、コレラのような症状が出た。

伝染病であるコレラ患者が出れば、その村はたちまち隔離されることになる。村の総代を務める善六としては、息子の身を案じるとともに、村人に迷惑をかけることも心配の種となっていた。

途方に暮れた善六は、叔父《おじ》の忠七に相談した。すると、忠七は扇の伺いを立てて、「善六さん、あんたも両親にならって熱心に信仰したらどうか。一度おやしきへいったら、子供はべんべら餅《もち》（薄い餅）たべられるようになる」と諭した。

叔父の話すお道の教えに、善六は心を入れ替えるように熱心に聴き入った。あまりにも善六の帰りが遅いので、心配した家の者が村外れまで迎えに来るほどだった。

早速、親の信仰を受け継ぎ、神一条に通ることを誓って帰宅すると、栄太郎の熱は下がり、顔色も良く、スヤスヤと眠っていた。鮮やかなご守護を目の当たりにした善六は、思わずお屋敷のある北方を向いて手を合わせたという。

夫婦で神様にもたれきり

以来、善六は息子をたすけていただいた喜びを胸に、農事を離れてお道の御用に奔走した。あまりに熱心な信仰ぶりに、村人は「岡本さんも、とうとう庄屋敷のおみき婆《ばあ》さんにだまされよった。これから先困るだろうて、阿呆《あほ》な人じゃ」と陰口をたたくほどであったという。

善六は天輪王講社の設立に尽力したり、明治十四年の「かんろだい」の石出しひのきしんに参加したりと、絶えずお屋敷へ運んだ。そして、永原村で「永信講」を結んで講元を務めた。

一方、シナも、教祖から赤衣《あかき》の襦袢《じゅばん》を頂戴《ちょうだい》した際、「着て去《い》にや。去ぬ時、道々、丹波市の

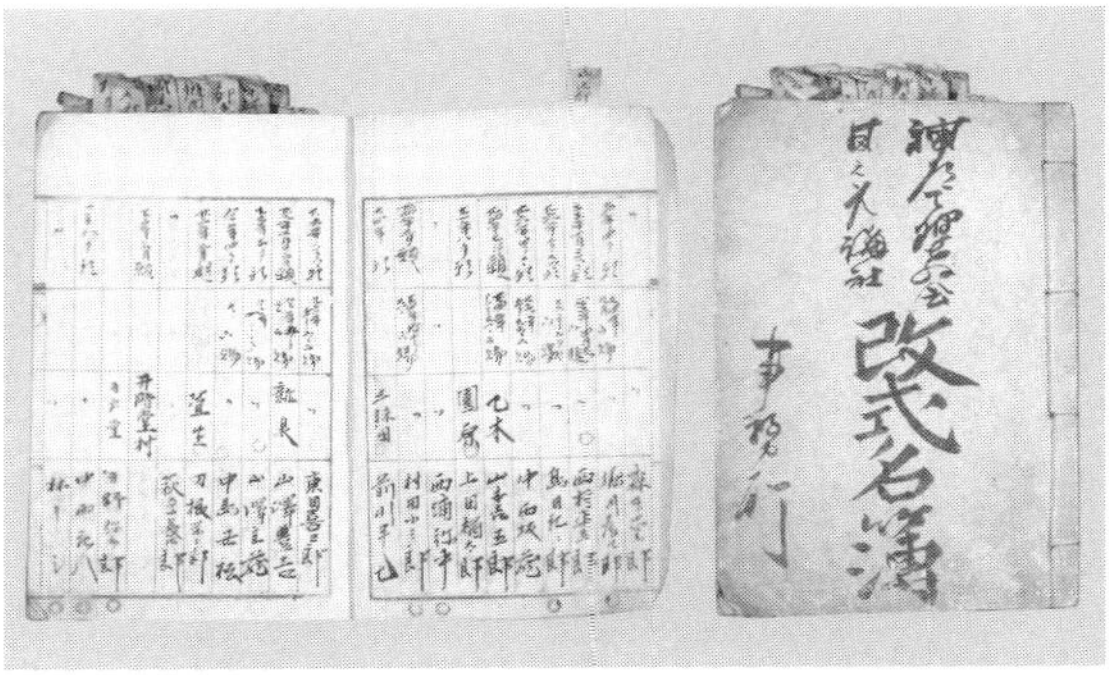

お屋敷の近郷70カ村をはじめ、多くの初期信者が名を連ねた日元講社の「改式名簿」（旭日大教会蔵）

町ん中、着物の上からそれ着て、踊って去ぬのやで」とのお言葉を、そのまま素直に受け、警察に拘引《こういん》される危険もあるなか実行した（逸話篇九一「踊って去ぬのやで」参照）。

このように、夫婦ともどもに、教祖から深い親心をかけていただくうちに、神様にもたれきる誠真実の大切さを実感するとともに、成人の歩みを進めていったのである。

明治十八、九年ごろになると、おぢば近辺の村々に講が結成されるとともに、各講の再編や統合の動きが見られるようになった。

そうした気運の中で、善六は井野彌市郎、上田民蔵らと相談のうえ、おぢば周辺の七十カ村の講へ呼びかけて結講会議を開いた。総講長には辻忠作が選ばれ、講名を「日元講」として結成された。

副講長となった善六は、やがて忠作の後を受けて二代講長となった。これが、のちの旭日大教会へと発展していったのである。

子供が幸せに育つように

さて、表題の逸話は明治十四年、善六夫婦が道一筋に歩み始めたころのエピソードである。近隣の村の農家から岡本家へ使いの者が来て、月足らずで生まれた乳飲み子を預かって世話をしてほしいと頼まれた。

あいにく、シナも乳が出なくなっていたので、いったんは断ったが、相手の必死の願いに、教祖にお伺いすることにした。

すると、教祖は「金が何んぼあっても、又、米倉に米を何んぼ積み上げていても、直ぐには子供に与えられん。人の子を預かって育ててやる程の大きなたすけはない」と諭された。

さらに「世話さしてもらうという真実の心さえ持っていたら、与えは神の自由で、どんなにでも神が働く。案じることは要らんで」とのお言葉の通り、シナは神様にもたれきる心を定めると、不思議と乳が出るようになり、預かり子を育てることができたのである。

この逸話は、お道の里親活動に言及する際に引用されることが多いようだが、岡本家の信仰を受け継ぐ者の一人として、善六・シナ夫婦の歩みを振り返るとき、二人で教祖のお言葉を素直に受け取り、どんな状況に陥《おちい》っても、わが子をご守護いただいたときの感謝の気持ちを忘れず、自分たちにできる御用をコツコツと積み上げて、この道を通った姿に思いを致す。

そして、その信仰姿勢が、運命を切り替え、人のたすかりにつながるということを、身をもって教えているように思うのである。

◇

現代はさまざまな情報があふれているが、そのことが、かえって昔より物事の本質をつかみにくくしているようにも思える。そのため、お道を信仰する私たちようぼくでさえ、時には道に迷ってしまうことがあるかもしれない。

そんな時代だからこそ、自分の家が、あるいは自分自身が、いかにして神様のご守護を感じ、信仰しているのかということを繰り返し問い直し、たすかったことを人さまに伝えていくことが必要ではないだろうか。

善六・シナ夫婦は七人の子供を授かったが、無事に成人させていただいたのは、長男・栄太郎と末女・カンの二人だけであった。

さらに長男に見せられた身上を見ても、岡本家には子供の育たないいんねんがあると悟れるし、筆者自身、父親から「私の代になって、やっと子供が皆育つようになってきた」と聞かされてきた。

筆者の長男は二歳のころ、池でおぼれて危うく命を落とすところであった。この出来事が、頭では理解していたつもりであったいんねんを、あらためて心の底から悟り、信仰を続けていく原動力になっている。

シナが乳飲み子を預かり世話をして、お屋敷へ連れ帰ったとき、教祖は「善い事をしなはったなあ」と喜んでくださった。

この逸話を拝するたびに、教祖がおかけくださる深い親心を感じるとともに、一教会長、一ようぼくとして、一人でも多くの子供が幸せに育つように力を尽くそうと決意を新たにするのである。

九〇「一代より二代」

山沢為造（一八五七～一九三六）

■逸話要旨

明治十四年ごろ、山沢為造《やまざわためぞう》が教祖のおそばへ寄せていただいたときのお話に、「神様はなあ、『親にいんねんつけて、子の出て来るのを、神が待ち受けている』と、仰《おっ》しゃりますねで。それで、一代より二代、二代より三代と理が深くなるねで。理が深くなって、末代の理になるのやで。人々《にんにん》の心の理によって、一代の者もあれば、二代三代の者もある。又《また》、末代の者もある。理が続いて、悪いんねんの者でも白《はく》いんねんになるねで」と、かようなお言葉ぶりで、お聞かせくださった。

末代へつなぐ〝慎みの心〟

山澤昭造《やまざわ・しょうぞう》 本部青年

為造は安政四（一八五七）年一月十二日、父・良助の二男として、山辺《やまべ》郡新泉《にいずみ》村（現・天理市新泉町）に生まれた。

「よう帰ってきなさった」

山澤家の信仰は、良助の代からである。良助の姉・そのは山中忠七に嫁いでおり、痔《じ》病で危篤《きとく》の状態になった際、鮮やかにご守護いただいた。これに感激して、良助は信仰を始めたのである。

こうした関係から、為造も幼いころから父に連れられて、何度かお屋敷へ足を運んだという。

あるとき為造は、つとめ場所建築のさなか、弟を背負い、重箱にお供え物を入れて、家からお屋敷へ向かった。

お屋敷に着いたとき、つまずいて転び、重箱を投げ出してしまったところ、教祖の末女・こかん様がお屋敷から出てこられて、「良助さんの子供やな。よう来た、よう来た」と、いたわってくだされたという。これは、為造が幼時を回想して、よく語ったエピソードである。

その人となりは、自筆の『山澤為造略履歴』(『復元』二十二号)に「為造は九才慶応元年正月より寺子屋へ行き、読書習字を学ぶ。先生の都合によって十二才の年の六月に寺子屋を引取《ひき》り終《おわ》りて、夫《それ》より父なり兄なりに百姓を見習ひ働きをなしつゝ夜分に読書をなし、或《ある》先生の処《ところ》へ習ひに行き勉強をなす事を好み居《お》り(略)昼は働き夜分に勉強致す事に志《こころざ》し居る為に、親等も大層安心して喜び呉《く》れられ候《そうろう》」とある。とにかく、温和で勤勉そのものであったようだ。

明治十(一八七七)年十一月、為造は堺の師範学校に入ったものの、翌十一年六月に脚気《かっけ》に罹《かか》り、志半ばでやむなく帰郷。その後、医者にかかり薬ものんだが、容体は一向に良くならなかった。

良助はそんな息子を心配して、教祖のもとへお願いに行くよう勧めた。しかし、学問を習い始めてからというもの、長らくお屋敷へ通っていなかった為造は、体裁《ていさい》が悪くて家を出ようとしなかった。

それでも、明治十一年十月二十六日、良助に諭される形で、為造はお屋敷へ帰った。ちょうど、伯父《おじ》である山中忠七が居合わせたので教祖に取り次いでもらうと、教祖は「よう帰ってきなさった」と優しいお言葉をかけてくださり、続いて、かしもの・かりもののお話を聞かせて、お息をかけてくださったのである。

父の身上を機にお屋敷へ

以来、為造は早くたすけていただきたい一心で、暇さえあればお屋敷へ足を運んだ。しかし、体調はいま一つ良くならなかった。

ある日、辻忠作にこのことを相談すると、「それでええのや。いま、もしあんたの身上が鮮やかにご守護を頂いたら、またすぐ学校へ行きたくなるやろう。神様はあんたに道の理を仕込みたいうえから、こうして引き留めてくださっているのや」と諭されたという。

やがて、身上は除々に回復していった。為造は鮮やかなご守護に感謝する一方、どうしても師範学校のことが忘れられなかった。当時、師範学校には専修科というものがあり、一カ月ほど授業を受けると、小学校の代用教師の資格を得ることができた。為造は教師をしながら、ゆっくりとお道を信仰しようと、専修科の試験を受けて入学することにした。

しかし、ちょうどこの明治十二年の夏は、コレラが流行していた。そのため、為造が堺の師範学校へ戻って四、五日目に、学校が突然、休校になった。

しばらくしてコレラの流行が下火となり、自宅にいた為造のもとへ学校が始まる旨の通知が届いた。ところが、いよいよ学校へ戻る前日になって、野良仕事に出かけていた良助が、長男の肩に支えられて帰ってきたのである。

良助はコレラのような症状で、上げ下《くだ》しが激しく、水はおろか唾《つば》さえも、のみ込むことができないありさまであった。為造は、すぐに父をお屋敷へ連れていった。教祖は、そばにあったカステラを一片切って、ご自分でひと口召し上がり、「さあ、おあがり」と下されたが、良助はひと口ものどを通らなかった。

それから二、三日、お屋敷に置いていただいたが、良助の病状は一向に良くならず、四日目からは自宅で養生することとなった。

翌日、辻忠作が自宅で寝たきりの良助を訪ねてきた。そして、良助の枕元《まくらもと》に一家を集めて、諄々《じゅんじゅん》と諭し始めた。

やがて、家族の者は「良助については、今日限り家では当てにせず、専心おぢばで勤めさせていただきます」と腹を決めた。

そして、為造自身も「私が学校へ行こうという前日になってお見せいただいたのだから、これは第一に私に対するお知らせに違いない。これからは学校へ行くことはやめて、お道の勉強をさせていただきます」と心に定めた。

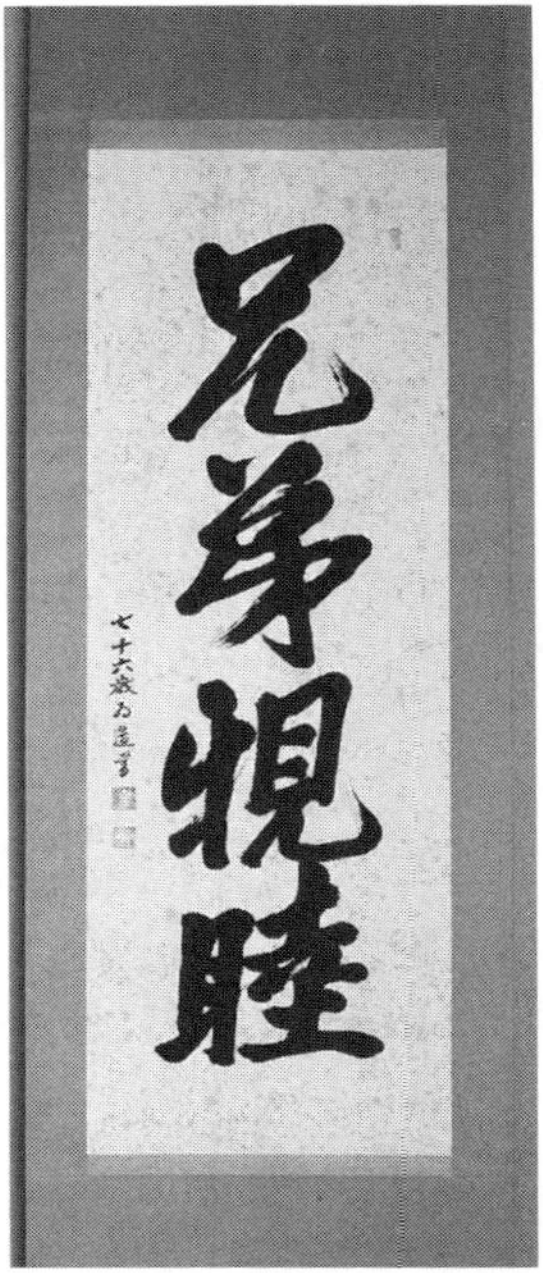
為造直筆の書(山澤家蔵)

この後、家族そろってお願いづとめを勤めて、忠作におさづけを取り次いでもらうと、不思議にも、良助の身上はご守護を頂いたという。

こうして良助は、一意専心、お屋敷で勤めることになり、為造も、お道の御用に励むようになったのである。

一名一人の真実の心

表題の逸話は、これらの出来事があったうえで、教祖から頂戴《ちょうだい》したお言葉である。

こうして振り返ると、教祖は、父親である良助の身上を台として、その子供である為造をも引き寄せられた。

同時に、この逸話は、二代、三代と代を重ねて信仰する者の心構えをお諭しくだされている。

山澤家では、二男の為造は、どちらかといえば気楽な立場であったが、教祖は身の振り方の自由な弟を「尚《なお》もほしい」と仰せられ、お屋敷に引き寄せられた（逸話篇六九「弟さんは、尚もほしい」参照）。そのうえで、為造に対して、親の後を受けて末代の理を積むようにお諭しくだされたのである。

この道の信仰は、代を重ねることが大切であるとともに、一名一人の信仰であるといわれる。

常々「将来、ご先祖の徳を頂けるような伏せ込みをするように」とお仕込みいただくが、親々の苦労を忘れず、一名一人の真実の心をもって伏せ込むところに、末代の結構なる理の働きを頂けるのではないだろうか。

このお言葉を頂いた明治十四年は、お屋敷に対する官憲の取り締まりや世間からの風当たりが強かった。為造自身もお屋敷に帰るたび、周囲の村人から「あほやなあ」「また騙《だま》されに行きよんねん」と言われたという。

末代かけての信仰を促す教祖のお言葉は、このような状況の中で頂戴したものである。

為造が教祖から頂いたお言葉には「先を短《みじ》こう思うたら、急がんならん。けれども、先を永く思えば、急ぐ事要《い》らん」「早いが早いにならん。遅いが遅いにならん」「たんのうは誠」(逸話篇一二三「先を永く」)などのように、先を楽しんで地道に歩むことの大切さを教えられているものが多い。

筆者の祖父母は為造の孫に当たるが、食事の後などに為造の話をしてくれることがある。「おとなしい、温和な人やった」「変わらんが誠というけれども、内でも外でも区別がなく、誰《だれ》に接しても同じ調子やった」「慎み深い人やった」「たんのうの人やった」と。

のちに、為造は『天理時報』（昭和8年1月5日号）で、次のように述べている。

――教祖様が或時《あるとき》私に申されました。

「この道は、このもしい、たのもしい、何とも云《い》へん道や　又《また》一つには難しい道である」

お道は長年信仰して来た者にとつては、このもしい、頼母《たのも》しい、何とも云ふに云へない有難《ありがた》い道となつて、やめよと云はれても、止められなくなる道であることを云はれたのですが、最後に「又一つには難しい道である」と云ふのは初めて信仰した人には難しい道である、何が難しいと云へば「慎み」であります。

此《こ》の「慎み」が出来難《できがた》いので之《これ》が又大切なことであります。花咲く旬が来るまで慎んで徳を積まして貰《もら》ふその徳が、花咲く時、（略）その理が表れて来るのであります――

効率と利便性が追求される今日ではあるが、代を重ねるありがたさを胸に、一名一人が慎みの心で地道な歩みを積み重ねたいものである。

九九「大阪で婚礼が」

土佐卯之助（一八五五〜一九二八）

■逸話要旨

明治十五年三月のある日、土佐卯之助《とさうのすけ》は、たすけ一条の信仰に対する養父母の猛烈な反対に苦しみ抜いた揚句《あげく》、親神様のお鎮《しず》まりくださるお社《やしろ》を背負うて、ほかに何一つ持たず、妻にも知らせず、忽然《こつぜん》と撫養《むや》の地から姿を消し、大阪の三軒屋《さんげんや》で布教を始めた。

妻まさのことを思い出すと、たまらない寂しさを感じることもあったが、おぢばへ帰って教祖にお目にかかるのを、何よりの楽しみにしていた。

その日もお屋敷で草引きをしていた。すると、いつの間にか教祖が背後《うしろ》にお立ちになって、ニッコリ微笑《ほほえ》みながら、「早《は》よう大阪へおかえり。大阪では、婚礼があるから」と仰せられた。

土佐は「はい」とお受けしたが、一向に思い当たる人はない。謎《なぞ》のような教祖のお言葉を頭の中で繰り返しながら、大阪の下宿へ帰った。

すると、妻のまさが来ていたのである。まさは夫の胸にすがりつき、顔を埋《うず》めて泣き入り、やがて「私と、もう一度撫養へかえって下さい。お道のために、どんな苦労でもいといませんん。今までは、私が余りに弱すぎました。今は覚悟が出来ております。両親へは私からよく頼んで、必ずあなたが信心出来るよう、道を開きます」と泣いて頼んだ。

いま国へ帰ればどうなるか分かっていたので、「情に流れてはならぬ」と、土佐はひと言も返事をしなかった。

そのとき、土佐の脳裏に閃《ひらめ》いたのは、おぢばで聞いた教祖のお言葉である。土佐家への復縁などは思うてもみなかったが、よく考えてみると、大阪で嫁をもらう花婿《はなむこ》とは、この自分であったかと、初めて教祖のお言葉の真意を悟らせていただくことができた。

「自分が、国を出て反対攻撃を避けようとした考え方は、根本から間違っていた。もう一度、国へかえって、死ぬ程《ほど》の苦労も喜んでさせてもらおう。誠真実を尽《つく》し切って、それで倒れても本望である」と、ようやく決心が定まった。

家族の反対に遭ったときの思案

土佐《とさ》 剛直《たけなお》　撫養《むや》大教会長

卯之助は安政二（一八五五）年、山口県佐波《さば》郡向島《むこうしま》（現・防府《ほうふ》市向島）で、父・白井滝蔵と母・キウの二男として生まれた。

十歳のとき父が出直し、魚を行商する母を手伝うようになったが、暮らし向きは貧窮《ひんきゅう》を極めた。「母を楽させたい」一心で、十三歳のとき北前船《きたまえぶね》の炊夫《かしき》となった。

船乗り稼業が性《しょう》に合ったのか、卯之助は十七歳で一人前の水夫《かこ》となり、将来を嘱望《しょくぼう》されたという。

二十一歳になった卯之助は、ゆえあって実家のある山口県から離れ、徳島県鳴門《なると》市の撫養の港で大きく商いをしていた回漕店《かいそうてん》の北前船に乗ることとなった。

そして、撫養へ来て三年が過ぎた明治十一（一八七八）年春、土佐新平の養女・まさ（当時十九歳）と結婚。土佐家へ婿《むこ》養子に入ったのである。

大阪の名医に見放されて

この年の秋、卯之助は心臓脚気《かっけ》を患った。

当時、近畿や四国の北前船は春に港を出帆し、秋に帰港。積み荷を降ろすと、大阪の安治川《あじがわ》や木津川《きづがわ》尻に翌春まで係留して船体を整備した。係留中は交代で番人が置かれ、近くの三軒家には、そのための船宿が数多くあった。

卯之助が身上を患ったのは、この船番をしているときだった。人の勧めで医者に診《み》てもらったところ、「心臓脚気」と告げられた。

急ぎ撫養へ帰って家族に知らせ、地元で評判の名医にかかったが、病状は悪化するばかり。

卯之助は一人で年の瀬に上阪。当時の医療の最先端である大阪の医学塾で診てもらった。しかし、ここでも「心臓がコトと止まったら、もうそれでおしまいだ。薬はやるが気休めだぞ」と言われて絶望した。

そんな卯之助を親身に世話したのが、三軒家の船宿の女将《おかみ》だった。女将はお道を信仰しており、「人間の体は神様のものです。神様が造って人間に貸してくださっているのです。どんな身上になるのも『心一つがわがの理』と言うて、みな心次第です」と諭した。

この「かしもの・かりもの」の教理に深く感銘を受けた卯之助は、女将に頼んで、当時三軒家で布教していた真心講講元の博多藤次郎《はかたとうじろう》におたすけを願った。三日三夜《みっかみよさ》のお願いづとめを勤めてもらい、鮮やかなご守護を頂いたのである。

船乗りからおたすけ人へ

こうして卯之助は翌年十月、真心講の人々とともに初めてお屋敷へ帰った。その際、取次人《とりつぎにん》に「身上ご守護の御礼として、燈籠《とうろう》か鳥居を献納したい」と申し出ると、「この神様は、私た

木津川に面した三軒家（現・大阪市大正区）の一帯。この地で、卯之助の信仰は始まった

ち人間をお造りくださった実《じつ》の神様です。その神様に対する御礼は、人をたすけるよりほかにありません」と諭された。これを聞いた卯之助は「この命ある限り、人だすけをさせていただこう」と固く決心した。以来、三軒家の道の先輩たちを訪ねては、教理を学び、おてふりを習うようになった。

明治十三年夏には、北前船で北海道・塩谷《しおや》（現・小樽《おたる》市）へ。この地に滞在中、卯之助はまたしても大病を患った。自身の通り方や心づかいを御教《みおし》えに照らして反省し、それを二十二カ条にわたって書き連ね、神様にお詫《わ》びしたところ、すっきりとご守護いただいた。このうえは、船乗りをやめ、人だすけに専念する心を定めたのである。

しかし、船乗りは実入りのいい仕事である。養父母は、卯之助が道一筋になることに猛反対した。

そこで卯之助は、普通の人の倍働いて布教に励んだ。明治十四年の春には、十六人の団参を組んでおぢばへ帰っている。

こうして船乗りと布教師の〝二足のわらじ〟を履《は》いていた卯之助に、再び節が訪れる。

同年秋、卯之助は北前船で航海中、北海道・奥尻島《おくしりとう》付近で遭難の危うきに直面したが、奇跡的に救われた。その御礼にと、お屋敷へ帰ったところ、ある先輩から、実はその日、教祖が北の方角に向かって扇を持ち、「オーイ、オーイ」と誰《だれ》かをお招きになっていたことを知らされた。これを聞いて深く感激した卯之助は、教祖の御前に参上して御礼申し上げた。すると、教祖は「危ないところを、連れて帰ったで」と仰せられた。

ここに至って卯之助は、たすけ一条に通る決心を固めたのである（逸話篇八八「危ないところを」参照）。

夫婦の絆を固く結び直す

表題の逸話は、その翌年の出来事である。ここまで入信からわずか五年。その間の卯之助の歩みを振り返ると、お見せいただく数々の節はいずれも峻烈《しゅんれつ》なものであり、そのたびに命がけの心定めを求められているように思える。

その一方で、結婚後の入信であるにもかかわらず、常に一人で信仰しているような姿にも気づかされる。三軒家で入信して以来、その後の成人の過程においても家族、わけても妻・まさの姿は見られない。

陽気ぐらしを目的とするお道を信仰しているはずなのに、その道の布教のために、卯之助は家族との縁を切る結果になってしまった。かかる意味で、「大阪で婚礼が」の逸話は、卯之助にとって信仰上の大きな転機となる出来事だったといえよう。

教祖は、家族を避けて一人で信心する卯之助に、「早よう大阪へおかえり。大阪では、婚礼があるから」と仰せられた。このお言葉は、ただ単に、妻・まさが大阪へ来ていることを見抜き見通しで仰せられただけではない。卯之助に、夫婦で信仰することの大切さをお示しになり、夫婦の絆《きずな》を固く結び直してやろうという、親心からのお言葉であったと思えてならない。

「もう一度、国へかえって、死ぬ程の苦労も喜んでさせてもらおう」との固い決心のもと、卯之助夫婦が撫養の地へ戻ると、そこには、激怒した養父母に勘当されるという苦難の道が待っていた。それでも二人は、近くに廃屋同然の土蔵を借り、二階に神様をお祀《まつ》りし、たすけ一条の道を通った。

極貧生活のなか、卯之助はにをいがけ・おたすけに奔走した。その合間に野良仕事をし、まさも駄菓子屋などで糊口《ここう》をしのぎ、おぢば帰りの路銀とした。こうして明治十七年ごろには、毎月のように団参を組んでお屋敷へ帰っている。

◇

陽気ぐらし世界にはほど遠い現代社会で、この道を通る者には、それぞれ苦労があると思う。なかでも家族の反対は、最もつらいことではないだろうか。教えに感じ入り、不思議なご守護に浴しながらも、家族の理解が得られなければ、ややもすると「自分一人の信仰でいいのでは……」と思いがちである。

家族の反対を避け、一度は大阪へ出た卯之助だったが、たすけ一条の心は誠真実そのものであった。だからこそ教祖は、夫婦の絆を固く結び直してくださったのではないだろうか。

確かに、家族と離れてまで一途《いちず》に信仰する卯之助の姿は、現代に生きる私たちには、容易にまねのできることではない。それでも、この逸話は、家族に反対されたときの思案の要《かなめ》を示唆《しさ》しているように思う。それは、卯之助の姿に見られるように、まずは配偶者へ教えを伝え、夫婦の心を一つにすることであろう。この心が定まれば、おのずと、ほかの家族にも信仰の喜びが映っていくはずである。

夫婦、親子、兄弟姉妹という間柄は、親神様が結んでくだされたかけがえのない縁《えにし》である。たとえ身内に反対されても、その現実から逃げることなく、家族ぐるみの信仰を着実に目指したいものである。

一〇二「道寄りせずに」

山田伊八郎（一八四八～一九一六）
妻・こいそ（一八五一～一九二八）

■逸話要旨

明治十五年春のこと。出産も近い山田《やまだ》こいそが、おぢばへ帰ってきたとき、教祖は「今度はためしやから、お産しておぢばへ帰る時は、大豆越《まめこし》（註、こいその生家山中宅のこと）へもどこへも、道寄りせずに、ここへ直《す》ぐ来るのや。ここがほんとの親里やで」と、お聞かせくだされた。

それから程なく、五月十日（陰暦三月二十三日）午前八時、家の人たちが田圃《たんぼ》に出た留守中、山田こいそは、急に産気づいて、どうする暇《いとま》もなく、自分の前掛けを取り外して畳の上に敷いて、お産をした。ところが、丸々とした女の子と、胎盤、俗にえなというもののみで、何一つよごれものはなく、不思議と綺麗《きれい》な安産で、昼食に家人が帰宅したときには、綺麗な産着《うぶぎ》を着せて寝かせてあった。

お言葉通り、山田夫婦は、出産の翌々日真っ直ぐおぢばへ帰らせていただいた。

この日は、前日に大雨が降って、道はぬかるんでいたので、子供は伊八郎《いはちろう》が抱き、こいそは高下駄《たかげた》をはいて、大豆越の近くを通ったが、山中宅へも寄らず、三里余りを歩かしていただいたが、下《お》りもの一つなく、身体《からだ》には障《さわ》らず、常のままの不思議なおぢば帰りだった。

教祖は「もう、こいそはん来る時分やなあ」と、お待ちくだされていて、大層お喜びになり、赤児《あかご》をみずからお抱きになった。

そして、「名をつけてあげよ」と仰せられ、「この子の成人するにつれて、道も結構になるばかりや。栄えるばかりやで。それで、いくすえ栄えるというので、いくゑと名付けておくで」と、ご命名くだされた。

神一条の確固たる信念

山田忠一　本部員
やまだ・ただかず

「嫁入りさすのやない。南は、とんと道がついてないで、南半国道弘《ひろ》めに出す。なれども、本人の心次第や」（逸話篇八四「南半国」）

これは明治十四年五月三十日（陰暦五月三日）、伊八郎のもとに、山中こいそが嫁《とつ》ぐに当たって賜《たまわ》った、教祖直々《じきじき》のお言葉である。

時に伊八郎、三十四歳、こいそ、三十一歳であった。

親心こもる〝無言の仕込み〟

当時、大和国十市郡倉橋村出屋鋪《やまとのくにとおいちぐらはしむらでやしき》（現・桜井市倉橋出屋鋪）にあった山田家は、農業を営む傍《かたわ》ら大師（弘法大師）信仰を熱心に続けていた。一方、山中忠七の娘・こいそは明治十一年、教祖より「早くおいで、おいで」との思召《おぼしめし》があり、二十八歳のときから満三年、教祖の御許《おんもと》に引き寄せていただき、お膝元《ひざもと》でお仕えしていた。

そんななか、伊八郎より縁談が持ち上がり、三度にわたる申し込みの末、教祖から「南半国道弘め」という結構なお言葉を戴《いただ》き、結婚をお許しいただいたのである。

こいその両親は「あそこは山深い所だから」と懸念したが、当の本人は「神様があぁ仰せくださるのやから、嫁にやらしていただきまする」と言って、伊八郎のもとへ嫁いだ。

伊八郎は「この結婚は、世間ありきたりの結婚とは何か訳が違う。人間の常識では考えられない大きな思召がこもっているに違いない」と悟り、教祖の御《み》教え一条に、夫婦そろってこの真実の道を歩み続けようと決心した。

結婚後も、伊八郎夫婦は絶えずおぢばへ足を運び、教祖より教えを聞かせていただき、この道に対する信念を、ますます固めていった。

のちに「身上、事情のさとしなら山田はんに聞け」と言われたほど、伊八郎は教理に明るかった。これは、明治十四年から二十年までの間、伊八郎が教祖より戴いたお言葉を克明に書き取った膨大《ぼうだい》な文書が、その元となっていたからであろう。

ところが、この文書の日付に丸一年の空白がある。明治十七年四月九日にお言葉を頂戴《ちょうだい》した後、「神様何とも仰せられず」と記されるのみで、その後、筆が止まっている。

教祖からお言葉を戴けず、苦しみ悩んだ伊八郎は「元初《はじ》まりのお話」「かしもの・かりもの」などのいつも同じ内容のお話に、筆録も怠《おこた》りがちになり、お言葉を軽しめていたことを心から懺悔《さんげ》した。そして「今後、教祖のお言葉は一言一句たりともゆるがせにせず書き記す」と心定めをした。

その心をお受け取りくだされてか、明治十八年三月二十八日、一年ぶりに教祖からお言葉があり、筆録が再開している。厳しくも親心のこもる〝無言の仕込み〟であった。

お言葉通りのご守護相次ぐ

伊八郎夫婦にとって、大師信仰の伝統を守り続けようとする山田家の親族一統を説得しながら、倉橋村や近郷の村々で布教することは、並大抵のことではなかっただろう。

それでも「南半国道弘め」との教祖のお言葉通り、伊八郎夫婦の布教、特にこいそのおたすけには凄《すさ》まじいものがあった。

「南半国」の逸話では、次のように伝えられている。

「近村では、両足の不自由な人の足が立った、目の不自由な人も目が開《あ》いた、と言って、大層な評判になって、こいそを尋ねて来る者が、次から次へと出て来た」

この二、三カ月後、伊八郎夫婦はおたすけした人々とともに、勇みに勇んで「おかぐら組」をつくり、重病人とあれば枕辺《まくらべ》で一日に七回も十二下りのてをどりを勤め、次々と不思議なご守護をお見せいただくようになる。

さらに、結婚からわずか七カ月後の明治十四年十二月十七日（陰暦十月二十六日）には「心勇組」を結成。伊八郎は、教祖より「講

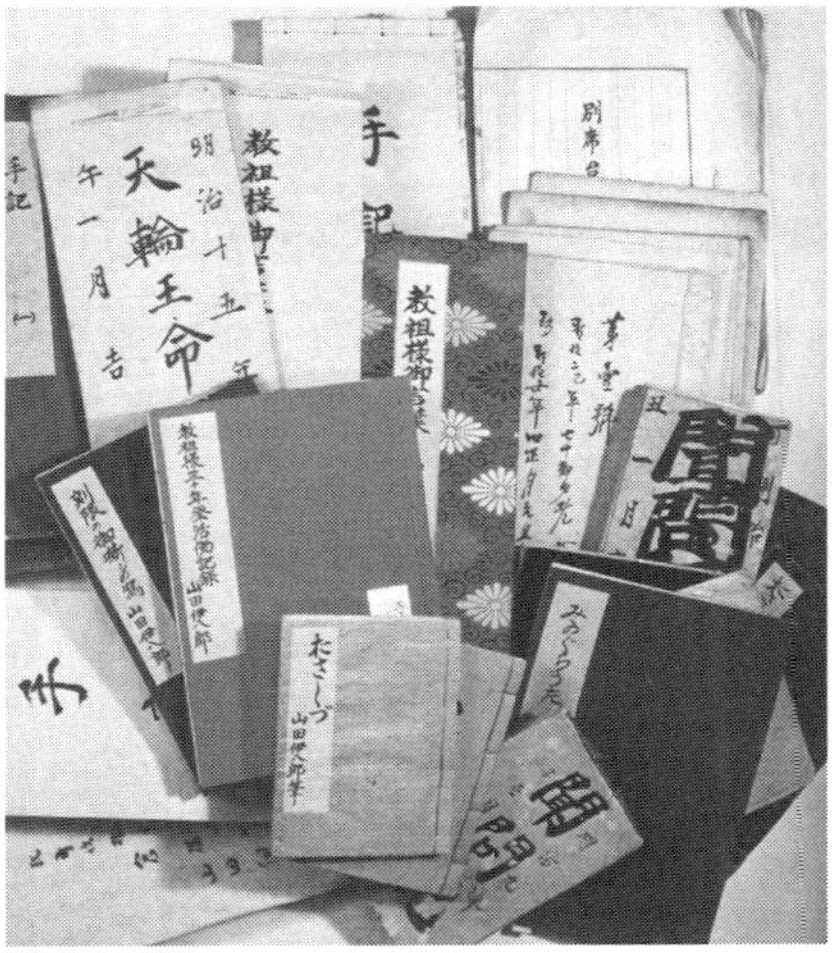

伊八郎が教祖のお言葉などを書き取った文書類　（山田家蔵）

元お許し」を頂いたのである。

表題の「道寄りせずに」の逸話は、このころの出来事で、こいそは「鶏が卵を産んだように楽な安産であった」と、をびや許しの不思議なご守護を説いたという。

夫婦に対する〝心のためし〟

さて、これらの逸話をあらためて振り返ると、伊八郎にとって信仰の元一日が結婚という節目を契機としていることもあってか、結婚観や夫婦のあり方について、今日の我々《われわれ》にいくつかの大切な示唆《しさ》を与えているように思われる。

たとえば、教祖は「嫁入りさすのやない。南は、とんと道がついてないで、南半国道弘めに出す。なれども、本人の心次第や」と、世間一般でいうところの「嫁入り」をさせるのではなく、「布教」に行かせるのであると仰せられている。

つまり、結婚も究極的にはたすけ一条の精神の延長線上にあり、そのうえで「なれども、本人の心次第や」と、どこまでも本人の心定めを第一とされているのである。

また表題の逸話では、教祖は「今度はためしやから」と仰せられ、そのお言葉に伊八郎夫婦がもたれきったところに、確かなご守護をお示しくだされた。

この「をびやためし」は、同時に、教祖が伊八郎夫婦に対して神一条の心の「ためし」をされたのではないか、とも思案させていただく。さらには、二人にとって生涯変わることのないちば一条の信仰を、「ほんとの親里」とのお言葉をもってお教えくだされたのだと悟らせていただくのである。

こうして揺るぎない信仰を心に固く誓った伊八郎が道一筋になる際、次のような感慨深いエピソードがある。

あるとき、さまざまな事情や「おさしづ」を頂くうちに、「たすけ一条に徹するときだ」と悟った伊八郎は、家じまいをして道専務になるため、家屋敷はもとより田畑山林、家財道具に至るまで、ことごとく売却した。

その際、山田家の家財道具類を売却する市が三日間にわたって開かれ、集まった人々に里芋とコンニャクの煮物を串に刺して出し、酒をふんだんに振る舞った。教祖のひながたに鑑《かんが》みた、伊八郎らしい道一条への切り換え方であった。

この少し前には、伊八郎は「男の子ならどんなことをしてでも大きくなっていくだろうが、女の子はそうはいかん。かわいそうやが、この際、子供のせり市もするのや」と、数え九歳の四女を養女に出した。さらに十六歳の長女を嫁入りさせる際、伊八郎は道一条の足手まといとなる母、妻、妹、妹の子、三男の五人を「子分」として長女の嫁ぎ先へ入り込ませた。

のちに教会が結構になるにつれて、伊八郎は家族を一人、二人と迎えに行き、最後の一人を引き取ったのは実に十八年後であった。

「無理に離したわが子の淋《さび》しさ、悲しさに、シクシクと泣く娘の声がいつまでも耳から離れず、長い間、眠れん夜が多かった」とは、妻・こいその述懐である。

筆舌に尽くせぬ道であったが、伊八郎は「わしはおまえら子供が可愛いから、ものけ（財産）すっきりなくすのや」と、それこそ口癖《くちぐせ》のように子供たちに言い聞かせたという。

情を断ち切った厳し過ぎる話とも受け取れるが、神一条の確固たる信念のもと、教祖のひながたを見つめ、何からでも真似《まね》ようとする伊八郎は、一面「たんのうの先生」といわれるような穏やかな人柄でもあった。

一〇三「間違いのないように」

小松駒吉（一八六五～一九三四）

■逸話要旨

明治十五年七月、大阪在住の小松駒吉《こまつこまきち》は、導いてもらった泉田藤吉《いずみたとうきち》に連れられて、お礼詣《まい》りに、初めておぢばへ帰らせていただいた。コレラの身上をおたすけいただいて入信してから、間のないころである。

教祖にお目通りさせていただくと、お手ずからお守りを下され、続いて次の如《ごと》くありがたいお言葉を下された。

「大阪のような繁華な所から、よう、このような草深い所へ来られた。年は十八、未《ま》だ若い。間違いのないように通りなさい。間違いさえなければ、末は何程《なにほど》結構になるや知れないで」と。
駒吉は、このお言葉を自分の一生の守り言葉として、しっかり守って通ったのである。

謹厳実直に歩んだ生涯

小松 初郎 御津《みつ》大教会長
こまつ・はつお

現在の大教会は、繁華街の心斎橋《しんさいばし》や道頓堀《どうとんぼり》まで十分とかからない大阪市中央区島之内《しまのうち》に位置する。

そこから少し東へ入った瓦屋町《かわらやまち》で、慶応元（一八六五）年二月十五日、駒吉は生まれた。家業は大工。父母と一人息子の家族三人で、長屋に暮らしていた。

コレラをたすけられて

明治十五（一八八二）年、大阪でコレラが大流行した。医療が未発達な明治期、コレラは〝不治の病〟と恐れられた。貧しい町人たちは満足に治療を受けられず、自宅で養生するほかなく、家の門口《かどぐち》には「コレラ」と書いた黄色い紙を張っておくのが通例であったという。

駒吉が暮らす長屋でも、数人がコレラに感染した。周辺の辻々に縄を張り、巡査が立って見張るというありさまであった。

その年六月には、駒吉もこの疫病に侵された。ある日、近くの寄り合いから帰ってきた駒吉は、いつもと様子が違って顔色が青白く、体じゅう軽い倦怠感《けんたいかん》に包まれていた。その日はすぐに休んだが、夜になると、意識不明の状態に陥《おちい》った。

ちょうどそのとき、毎日決まって小松家の井戸水をもらいに来る屋台引きの蒸し芋屋が訪ねてきた。この男こそ通称「芋熊」、のちの泉田藤吉である。

すでに入信していた藤吉は、病床の駒吉を見るや、神様に水を供えてお願いし、その水を口に含んで駒吉に一気に吹きかけた。さらに井戸端で水垢離《みずごり》を取っては、駒吉の枕元で一心に平癒《へいゆ》を祈った。

病床と井戸の間を幾度往復したであろうか。藤吉の懸命なおたすけの甲斐《かい》あって、やがて駒吉は意識を取り戻し、その日のうちに鮮やかなご守護を頂いたのである。

翌日、一服の薬ものまずにたすけていただいたことに感激した駒吉は、病み上がりの体を押し、わずかな白米と金米糖《こんぺいとう》一斤《きん》を持参して、父・清吉とともに藤吉宅へお礼に訪れた。ところが、藤吉は「わしがたすけたのやない、天の神様がたすけてくださったのや」とお礼の品を受け取らず、「天へのお礼をしなさい」と言った。

駒吉がどうしていいか分からずに尋ねると、「天へのお礼は、ご恩報じに人をたすけることや」。そして、十二下りのお手振りを教えられ、「みかぐらうた」の写本を貸してもらった。初めて聞く教えに感銘した駒吉は、翌日から仕事が終わると藤吉宅へ足を運び、毎夜にをいがけ・おたすけに回るようになった。時に駒吉、十八歳であった。

生真面目な性格ゆえに

こうして表題の逸話の通り、梅雨も明けようかという七月、駒吉は藤吉と連れ立って、お礼参りにおぢばへ向かったのである。

お屋敷では、教祖から「大阪のような繁華な所から、よう、このような草深い所へ来られた。年は十八、未だ若い。間違いのないように通りなさい。間違いさえなければ、末は何程結構になるや知れないで」とのお言葉を頂戴《ちょうだい》した。

このお言葉を聞いた駒吉は、何のことだかさっぱり理解できなかったようだ。宿に着いて藤吉に尋ねると、「年が若いから色情を間違わぬようにとのことであろう」と諭された。当時の大阪は、水路を利用した交通の要所として大いに栄えていた。首都・東京に次ぐにぎやかな町で、さまざまな誘惑があっただけに、藤吉は年若い駒吉に、そう諭したのかもしれない。

筆者は、この教祖のお言葉には、さらに深い神意があったのではないかと思えてならない。その理由の一つが、駒吉の人柄にある。

大工職人の駒吉は字を知らなかったが、お道の教えを学ぶため、新聞活字を手本に字を覚えるほど真面目《まじめ》な性格であった。直筆の覚書《おぼえがき》には、活字をそのまま写したような几帳面《きちょうめん》な字が並んでいる。

また、こんなエピソードもある。後年、大阪教務支庁の会計を任された駒吉は、一人ひとりの弁当代まで細かく帳簿に付けていた。ある日、府の役人が帳簿を調べにやって来たとき、駒吉が雑費まですべて見せたので、「今日ご馳走《ちそう》になったお茶も、私の名前と一緒に値段が付くのやな。こんな堅い人なら安心や」と笑いながら帰ったという。

そんな生真面目な性格の駒吉だからこそ、あえて教祖は「間違いのないように」と仰せられたのではないだろうか。命の無いところをたすけていただいた駒吉は、この教祖のお言葉を、生涯かけて守り通そうと心に誓ったに違いない。

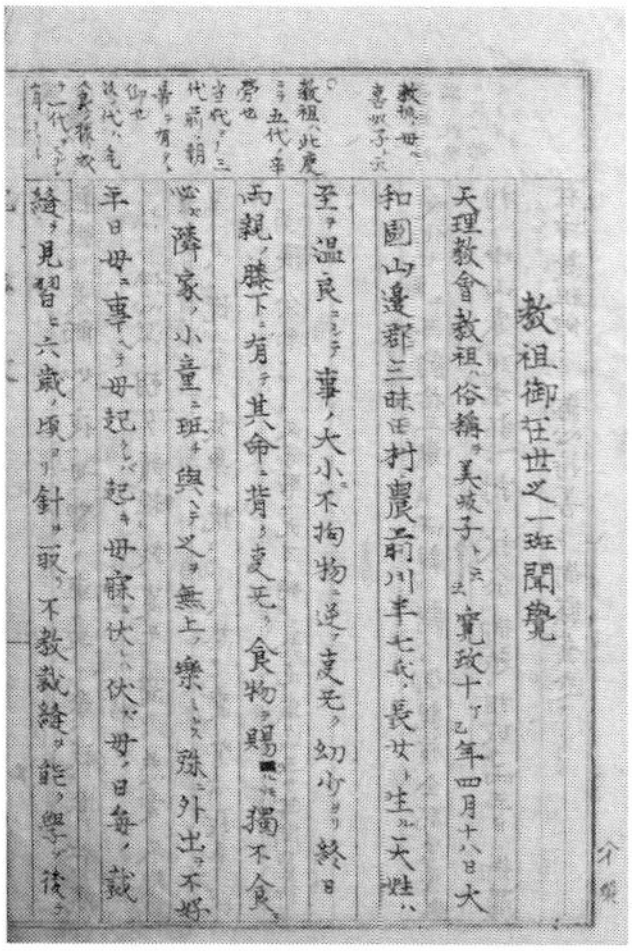
教祖御在世之一斑聞覚
天理教會教祖ハ俗稱ヲ美岐子ト云フ 寛政十ノ乙年四月十八日大
和國山邊郡三昧田村農前川半七ノ長女ト生ル天性ハ
至テ温良ニシテ事ノ大小不拘物ニ逆フ事モナク幼少ヨリ終日
両親ノ膝下ニ有テ其命ニ背ク事モナク食物ヲ賜ニハ獨不食
必ズ隣家ノ小童ニ班チ與ヘテ之ヲ無上ノ樂トシテ殊ニ外出ヲ不好
平日母ニ事ヘテ母起レハ起キ母寐ハ伏シ伏ス母ハ日毎ノ職
綾ヲ見習ヒ六歳ノ頃ヨリ針ヲ取リ不教裁縫ヲ能ク學ブ後ニ

新聞活字で文字を勉強したという駒吉直筆の「教祖事跡聞書」（小松家蔵）

事実、大阪へ戻った駒吉は一層信仰心を燃やし、にをいがけ・おたすけに奔走。入信からわずか一年足らずの明治十六年四月には、弱冠十九歳で天恵組五番講社の講元になったのである。

お屋敷に伏せ込むなか

ちょうどそのころは、お道に対する警察の弾圧が一層激しさを増し、教祖は度重なる御苦労の道中であった。大阪でも取り締まりが厳しくなり、駒吉も何度となく留置所に勾引《こういん》された。勾留当初は食事も喉《のど》を通らなかった駒吉だが、教祖の御苦労を思うと心が勇んだ。普段から、いつ警察に勾引されてもいいように、パッチや足袋《たび》を重ねて履《は》き、おつとめを勤めていたという。

ところで、職人気質《かたぎ》の駒吉は、気が短い性《たち》でもあったようだ。

明治二十年陰暦正月二十六日、教祖が現身《うつしみ》をかくされた際には、その神意を理解できない信者が、駒吉の講社から離れていった。そのうえ、警察の干渉も一層厳しさを増したため、駒吉一人が信仰するような事態になった。一時は不足の心を募らせたが、本席・飯降伊蔵を通して

「おさしづ」を頂き、自身の心づかいを反省した。翌日、おさづけの理を拝戴《はいたい》した駒吉は、以後、生涯にわたって腹を立てない誓いを立てたという。

また、明治二十一年二月六日には、講社の立て直しを焦る駒吉に対して、「心次第である。誠の精神なら、埋《おぼ》りて置く根があれば芽が吹く」との「おさしづ」があった。駒吉は「講社を起こすには、もっと深く教義を修めねばならぬ」と思い立ち、おぢばに滞在して辻忠作から教理を習い始めた。

滞在中、東京で天理教会本部の設立の認可が下り、つとめ場所などの普請が始まったので、昼はお屋敷でひのきしんに汗を流し、夜は教理勉強に励んだという。そのさなか、二歳になる長女・アイが喉《のど》の病を患ったが、「おさしづ」を伺った駒吉は神様にもたれきり、かんろだいの前で普請が終わるまで御用をつとめきる決心をした。間もなく、娘の身上をご守護いただいたとの知らせが舞い込んだ。

このおぢばへの伏せ込みは半年に及び、このときのひのきしんが種となり、身に付けた教理が宝となって、講社はいよいよ伸び広がる。そして「末は何程結構になるや知れないで」との教祖のお言葉通り、のちに御津大教会を設立するに至ったのである。

〝間違いのない通り方〟とは

こうして駒吉の歩みを振り返ると、教祖のお言葉を常に心に置き、真面目にコツコツと成人の歩みを進めたことが分かる。そして、時に駒吉が道に迷いかけても、親神様・教祖の深く温かい親心によって、正しい道へとお導きいただいている。

これらを考え合わせると、教祖は、駒吉の将来を見越したうえで、世上のさまざまな欲に流されることなく、本人の徳分や性分に見合う道を歩ませようと、「間違いのないように」と仰せになったのだと思えてならない。

ところで、教祖のお望みになる〝間違いのない通り方〟とは、どのようなものなのか。その手がかりは、駒吉の謹厳実直な生きざまにあると思う。

駒吉は、「親不孝」という言葉が嫌いだったと伝えられている。常々「親不孝は決してしてはならないことだから、親不孝というものはないはずや」と話し、同じ意味の表現として「親に添わない」という言葉を使っていたと聞く。

また晩年、駒吉は日常の些細《ささい》なことでも「ありがたい、もったいない」と心から喜んだ。大教会の信者にも、口癖《くちぐせ》のように「結構やで。喜びなされや」と話したという。

つまり、常に親の思いに沿いきろうと心がけ、お見せいただくさまざまな出来事に感謝し、たんのうして歩むことこそ、〝間違いのない通り方〟ではないだろうか。これは何も駒吉だけに限ったことではない。現代に生きる私たちようぼくも、肝に銘じなければならない大切な角目《かどめ》だと思う。

私たちは、日々頂戴する大きなご守護を頭で理解していても、慌《あわ》ただしい日常生活の中で、つい忘れがちになっていないだろうか。目に見えるものの背後にある神様の働き、理の世界を心に治め、成ってくることをそのまま受けとめて、等身大の自分の姿を見つめ、徳分を悟るとともに、感謝の心を忘れず、成人への歩みをコツコツと進めたいものである。

この逸話は、自分の徳分以上のものを求めず、いやそれ以上に、しっかりと理づくりに努めて、道を間違えないように日々歩めよ、との教祖からのメッセージだと思えてならないのである。

一〇五「ここは喜ぶ所」

宇野善助（一八三六～一九一〇）

■逸話要旨

明治十五年秋なかば、宇野善助《うのぜんすけ》は妻と子供と信者親子と七人連れで、おぢばへ帰らせていただいた。妻美紗《みさ》が産後の患いで、もう命がないというところを救《たす》けていただいた、お礼詣《まい》りである。

夜明けの四時に家を出て、歩いたり、巨掠池《おぐらいけ》では舟に乗ったり、次には人力車に乗ったり、歩いたりして夜の八時ごろおぢばに着いた。

翌日、山本利三郎《やまもとりさぶろう》の世話取りで、一同、教祖にお目通りした。一同の感激は、たとえるにものもないほどであったが、殊《こと》に長らくの病み患いを救けていただいた美紗の喜びは一入《ひとしお》で、嬉《うれ》しさのあまり、すすり泣きが止まらなかった。すると、教祖は「何故《なぜ》、泣くのや」と仰せになった。

美紗は、なおも泣きじゃくりながら「生神様《いきがみさま》にお目にかかれまして、有難《ありがと》うて有難うて、嬉し涙がこぼれました」と申し上げた。すると教祖は「おぢばは、泣く所やないで。ここは喜ぶ所や」と仰せられた。

次に、教祖は、善助に向かって、「三代目は、清水《せいすい》やで」と、お言葉を下された。善助は「有難うございます」とお礼申し上げたが、過分のお言葉に、身の置き所もないほど恐縮した。そして、心の奥底深く「有難いことや。末永《すえなご》うお道のために働かせていただこう」と、堅く決心したのである。

澄みきった心に頂く天の与え

宇野 美和 越乃國《こしのくに》大教会長
うの・よしかず

善助は天保七（一八三六）年十月二十五日、近江国野洲村《おうみのくにやす》（現・滋賀県野洲市）の宿屋「清水屋」の主《あるじ》・宇野五郎助《ごろすけ》の二男として生まれた。

七歳のとき、近江一円で知られた道学者・野口直次郎に師事して薫陶《くんとう》を受け、二年後には群を抜いて塾引取《ひきとり》（責任者）となり、徹底して仕込まれたという。

元初まりの教えに感激

謹厳実直、何ごとも黙々と一歩ずつ築き上げる性格であった善助は、学問に刻苦勉励《こっくべんれい》するうち「人間は何が為《ため》に神が造り給《たも》うたか」との疑問に突き当たった。以来、人間創造という神秘を解き明かすことが、善助の研究課題となった。

日夜、研究に明け暮れた善助であったが、父が出直したため、母を助けようと、嘉永二（一八四九）年に野口塾を退講。京都・仏光寺《ぶっこうじ》通りで蝋燭《ろうそく》油業を営む「若狭屋」へ丁稚《でっち》奉公に出た。その後、主人によく仕え、町内でも「模範の奉公人」と言われるほどよく働き、十五歳にして若番頭となった。

幼いころから信仰心に人一倍篤《あつ》かった善助は、近郷近在はおろか遠方の神社仏閣へも参らぬ所とてなく、学者・高僧の説教があると聞けば、どこへでも馳《は》せ参じた。

「人間はこの世に何が為に生まれてきたか。如何《いか》にして一生を終えれば、人間の道を全うすることになるのか」

この命題の答えを求め、十七歳の春に志を立てた善助は毎朝、東山清水《きよみず》の観音堂へ参詣した。まだ四方暗い中に起き出し、参拝して心を洗いつつ、東山が白むころに家へ戻り、近所の店へ遅れずに行って、店飾りを済ませるのが日課となった。

こうした〝修業〟は、二十七歳までの十年間、一朝も欠かさず続いたという。

文久三（一八六三）年、二十八歳になった善助は、店の主人・佐々木源兵衛に見込まれて娘のさわと結婚。佐々木家の婿養子として分家となり、暖簾分けをしてもらい、六角通り寺町西入ル八百屋町十四番地で「若善」として独立した。

店は大層繁盛したものの、慶応三（一八六七）年、さわが長男・直太郎を残して肺炎で出直すという節に見舞われた。悲しみに暮れた善助は再び宇野家に復籍。明治二（一八六九）年、郷里の野洲村の三久保家より美紗を嫁にもらい、四男三女をお与えいただいた。

このころ「若善」は、商興業の中心地・京極から軒《のき》続きという地の利を生かし、蝋燭油業に加えて両替屋や貸車業まで商いを広げ、株式方面でも活躍し始めた。

商売が順調に進む一方、妻・美紗は産後の肥立ちが悪く、病気がちとなった。

そんななか、善助はお道と出合う。明治十四年、親交のあった深谷源次郎（のちの河原町大教会初代会長）から「ついこのごろ、河内から妙な説教する人が京に来ている。踊ってたすかる陽気な神さんや。どんな難病もたすけてやるというのや。あんたも聞いたらどうや」と誘われたのである。

興味を持った善助は、天輪王明誠社の講元・奥六兵衛から元初《はじ》まりの教えを聞いた。長年、抱き続けてきた人間世界の根源についての疑問を見事に解き明かす教えに、善助は「これこそわしが年来、願い続けてきた根本の話だ。この神様を信心して、合点がゆくまで聴きたい」と感激した。

早速、翌朝には実印を持参して明誠社に加入し、その数日後には源次郎とその信者である澤田善助とともに三人でおぢばへ帰っている。こうして善助は四十六歳にして、お道の信仰についたのである。

家族そろっておぢば帰り

明誠社では毎晩、おつとめの稽古《けいこ》がなされ、大勢の信者が陽気にてをどりを勤めた。善助も熱心に信仰し、生来の探究心から貪欲《どんよく》に教理を修めていった。

やがて、美紗の病気を鮮やかにご守護いただいた。その際、善助は「今日こう成って来るのも皆、前生《ぜんしょう》いんねんの通り返しや。必ず元々《もともと》に種が蒔《ま》いてある。この元さえ掘り取れば、根を切ってくださる。神は子供かわいいから、いろいろ銘々《めいめい》のいんねんによって仕込まれるのや」と悟ったという。

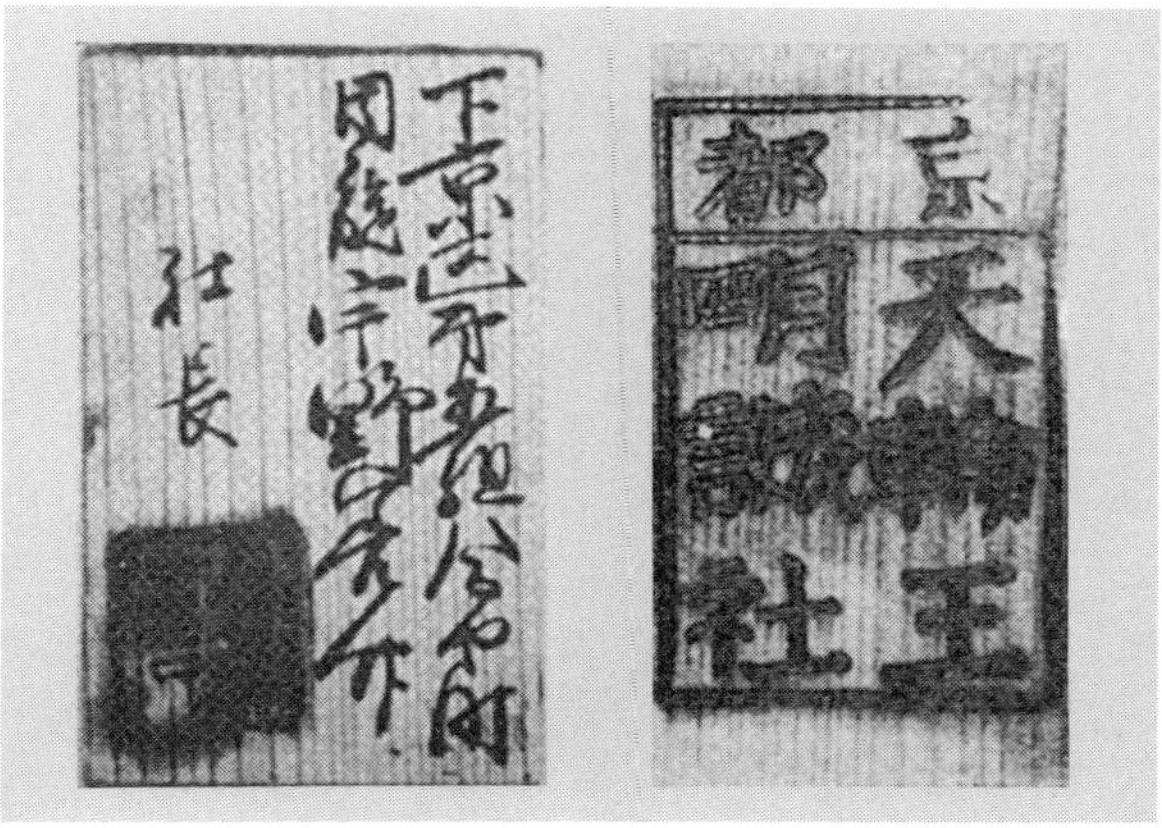

善助が天輪王明誠社に加入した際の木札
（宇野家蔵）

そんな善助は、入信一年後の明治十五年には、源次郎や澤田善助とともに講社のおつとめの後、交々《こうこう》前座の説教をつとめるまでになった。ちょうどこの年の秋、表題の逸話にあるように、善助は妻の身上をたすけていただいたお礼参りに、家族そろってのおぢば帰りを果たしたのである。

このとき帰参したのは、善助夫婦をはじめ長男・直太郎（十七歳）、長女・こん（十三歳）、二男・又三郎（十一歳）、そして善助がにをいを掛けた隣家の河村みねとその長女・よし（十歳）の七人であった。

教祖にお目にかかった一行は誰《だれ》もが感激した。特に美紗は、あまりのうれしさに感極まり、すすり泣きが止まらなかった。その際、教祖から「おぢばは、泣く所やない。ここは喜ぶ所や」とのお言葉を頂戴《ちょうだい》したのである。

この後、善助一家は教祖にお目通りした喜びを胸に、より一層、信仰を深めていった。

明治十七年には、明誠社講元の奥六兵衛の心得違いから、善助は源次郎ほか数人とともに講社を退社した。この節に際しても、教祖にお目通りして「我々《われわれ》五名の者は、どうなりましても、あくまで神様のお供《とも》を致しますから」と申し上げ、源次郎を講元に斯道《しどう》会結講のお許しを頂いた（逸話篇一四一「ふしから芽が切る」参照）。

善助は幾度の節の中も、にをいがけ・おたすけに励み、どこまでも源次郎の片腕として真実を尽くしきり、河原町大教会の礎《いしずえ》を築いたのである。

人をたすけて喜ぶ心へ

さて「ここは喜ぶ所」の逸話を振り返ると、美紗に対する教祖のお言葉は意外に思えるかもしれない。現代に生きる私たちの感覚からすれば〝うれし泣き〟は咎《とが》められる行為ではないだろう。むしろ素直な心の表れとして歓迎されるのではないか。

誰でも、つらく悲しいときはあろう。そんなとき、私たちようぼくは、親元や教会へ足を運んで心の内を聞いてもらったり、救いを求めておぢばへ帰ったりした経験があるだろう。

美紗も、これまでの苦労を思い返し、教祖の御前で泣いた。ところが、教祖は「ここは喜ぶ所や」と諭された。

このお言葉をよくよく思案すれば、自分が身上をたすけていただいたからといって、「結構であった」と、ただうれし泣きをして済ませるのではなく、心はご恩報じへと向かわねばならない、という意味にも悟れる。

つまり、己《おのれ》のたすかりに感謝の涙を流すより、人をたすけて喜ぶ心を、教祖は望んでおられるように思うのである。教祖のお言葉を聞いた善助は「おぢばは鏡屋敷と仰《お》っしゃる。澄み切る処《ところ》や。嬉し涙でも、涙をこぼすことは、濁っている証拠や」と悟ったと伝えられている。その心を受け取ってくだされたのか、教祖は善助に対し「三代目は清水やで」とのお言葉を下されている。

筆者の祖父・宇野晴義《はるよし》は善助の孫に当たる。

祖父は、善助から「一代は種蒔き、二代は修理肥やし、三代は芽生え、実のりである。いんねんは三代続く。三代の間一心に尽《つ》し運んでこそ、ようやく悪いんねんは納消《なっしょう》されて芽生えとなる。人間は三代の間、代々苦労の理を積まねばならない。お前《まえ》は三代目やからしっかりお道を通るように」と幾度も聞かされたという。

「みかぐらうた」に「こゝろすみきれごくらくや」（十下り目四ッ）と教えてくださる通り、ようぼくお互いは、この道に引き寄せてくださった親心に感謝し、人をたすける心で人々の悩み嘆きの涙を受けとめ、信仰の喜びを土地所の教会を通じて伝えていきたいものである。そして、共々に感激と喜びの誠真実の心をもって、おぢばへ帰らせていただきたい。

澄みきった心にこそ、天の与えを頂けるものと確信する。

一一四「よう苦労して来た」

泉田藤吉（一八四〇～一九〇四）

■逸話要旨

泉田藤吉《いずみたとうきち》は、あるとき十三峠《じゅうさんとうげ》で三人の追剥《おいはぎ》に出会った。そのとき、頭にひらめいたのは、かねてお仕込みいただいているかしもの・かりものの理であった。

それで、言われるままに、羽織も着物も皆脱いで、財布までその上に載せて、大地に正座して「どうぞ、お持ちかえり下さい」と言って、頭を上げると、三人の追剥は影も形もない。

あまりの素直さに、薄気味悪くなって、一物《もつ》も取らずに行き過ぎてしまったのであった。

そこで、泉田は着物を着て、おぢばへ到着し、教祖にお目通りした。

すると、教祖は「よう苦労して来た。内々折《お》り合うたから、あしきはらひのさづけを渡す。受け取れ」と仰せになって、結構なさづけの理をお渡しくだされた。

おたすけ名人が説く〝命の教え〟

今村 正彦 中津《なかつ》大教会長
いまむら・まさひこ

藤吉は天保十一（一八四〇）年五月十日、大阪の東成《ひがしなり》郡大今里《おおいまざと》村（現・大阪市東成区大今里）に生まれた。四歳のとき、両親と死別。東成郡猪飼野《いかいの》村の山本家に預けられ、通称「熊吉」と呼ばれた。後年、信仰の道に引き寄せてくれた山本伊平と兄弟のように育てられたという。

「ご恩返しに行く」

明治十（一八七七）年、藤吉は胃がんを患ったが、好きな酒がやめられず、もうたすからないという状態になった。

そのとき、すでに信仰していた伊平から「かしもの・かりものの理」の教えを聞かされ、「好きが敵《かたき》で、好きなものを止《や》めねばたすからん」と諭された。藤吉は、初めて聞く教えに深く感銘し、「好きが敵」であるという酒をやめる決心をしたところ、一週間ほどで鮮やかなご守護を頂いた。その後、伊平とともにおぢばへ帰った藤吉は、初めて教祖にお目通りした。

幼いときに両親と死別し、親の愛情を知らない藤吉は、親神様の鮮やかなご守護、教祖の温かい親心が深く心に染み、生かされて生きている生命の尊さに目覚めた。

大阪へ戻った藤吉は、おたすけに出かけることを「ご恩返しに行く」と言い、病む人のもとを訪ねて回った。ところが、いくら熱心におたすけに通っても、誰《だれ》一人として道に付こうとしなかった。おたすけに用いていただけない自分は用無き存在であると思い詰めた藤吉は、遠方の布教地を探して越後へ。しかし、そこでもおたすけが上がらなかった。こうして、おぢばが恋しくなった藤吉がお屋敷へ帰ったときの出来事が、『逸話篇』六四「やんわり伸ばしたら」に記されている。

その際、教祖は、膝《ひざ》の上で小さな皺紙《しわがみ》を伸ばして、「こんな皺紙でも、やんわり伸ばしたら、綺麗《きれい》になって、又《また》使えるのや。何一つ要《い》らんというものはない」とお諭しくだされた。

喜び勇んで大阪へ戻った藤吉は、命懸けのおたすけに燃えた。心が倒れかかると、厳寒の深夜に、何時間も川に浸《つ》かって水垢離《みずごり》を取った。時には天神橋の橋杭につかまりながら、ひと晩中、川に入っていることもあったという。

そんなある日、藤吉がお屋敷へ帰ると、教祖は「熊吉さん、この道は、身体《からだ》を苦しめて通るのやないで」と仰せになった。

この親心あふれるお言葉に、藤吉はかしもの・かりものの理の尊さをあらためて感じ、神一条の信仰を深めた。その後間もなく、藤吉のもとに一人、二人と信者が寄り始めた。

明治十五年、藤吉は「天恵《てんえ》四番講」の講元となった。草履《ぞうり》の履《は》き替えも持たず、ただひたすらお屋敷とおたすけ先を行き来する藤吉を、人々は「はだしの講元さん」と呼んだという。

人だすけの喜びを胸に

逸話にあるように、藤吉はちょうどこのころ、おぢばへ帰る道中の十三峠で、三人の追剥に出会いながらも、何一つ物を盗《と》られずに事なきを得ている。

そして、教祖から「よう苦労して来た。内々折り合うたから、あしきはらひのさづけを渡す。受け取れ」と、結構なさづけの理を頂戴《ちょうだい》したのである。

以来、藤吉は一層おたすけに燃え、多くの人々を救い導いた。明治二十年陰暦正月二十六日、教祖が現身《うつしみ》をおかくしになられた日には、中山眞之亮・初代真柱様の「命捨てゝもという心の者のみ、おつとめせよ」との言葉に応え、おつとめの地方《じかた》をつとめた。

その後、藤吉に転機が訪れる。中津でランプ商を営む伏見三次郎が大阪を訪れ、船場分教会（当時）に参拝して、神様のお話を聞いたことがきっかけだった。三次郎が「このありがたい神様のお話を、ぜひ中津の人々に伝えてほしい」とお願いしたところ、当時、九州へ行く布教師がなく、藤吉が「私がやらせていただく」と手を挙げたのである。明治二十三年十一月、藤吉、五十一歳のときであった。

この決心の裏には、自身の身上をたすけていただいたご恩返しの気持ちはもとより、自分が「用無き命」と悩んだころに、教祖から「何一つ要らんというものはない」「この道は、身体を苦しめて通るのやないで」と親心あふれるお言葉を賜り、その後、尊いおさづけの理を戴《いただ》き、己《おのれ》を人だすけに用いていただけたことへの喜びがあったに違いない。

中津へ到着した藤吉は、伏見宅の二階一間を拠点として布教を始めた。すると、次々と不思議なたすけが現れた。

明治二十六年一月三十一日、中津布教事務取扱所として教会設置が許され、中津大教会の道が始まった。

窮地に立ったときも

藤吉の人生は、まさしくおたすけに捧《ささ》げた生涯であったといっても過言ではない。

表題の逸話を読み深めるには、藤吉の〝おたすけ人生〟を抜きにしては語れないだろう。ちょうど同じころの出来事として、こんなエピソードがある。

明治十五年のある日、蒸し芋屋を営んでいた藤吉が、いつも水をもらっている小松家を訪ねると、息子の駒吉（のちの御津大教会初代会長）がコレラに罹《かか》っていた。藤吉が井戸水をかぶって一心不乱に親神様にお願いすると、駒吉は鮮やかなご守護を頂いた。

翌晩、小松親子がお礼にやって来て、米と金米糖《こんぺいとう》を差し出すと、藤吉は「私がたすけたのやない。神様がたすけてくださったのだ」と、お礼の品を受け取らず、「ありがたいと思うたら、ご恩返しに一緒におたすけに連れていってあげよう」と言った。

このエピソードから、たすけの主は親神様であり、親神様のお働きによってご守護を頂けること、そして、そのご守護へのご恩返しは唯一、人だすけにあることを、藤吉がしっかりと心に刻んでいたことがうかがえる。

また、茨木元吉（のちに基敬《もとよし》、北大教会長）が娘の身上をたすけてもらいたいと訪ねてきた際、藤吉は、「その病気の子供は誰がつくった子や。世の中のすべては、つくったものなら直すことができる。子供の病気を直すことできんというのは、あんたたち夫婦がその子のつくり主でない証拠や」「人間のつくり主は天理王命様という神様や。人間だけでなく世界の一切をつくった神様であるから、どんなことでもこの神様にお願いすれば直してくだはる」と諭した。

半年後、子供が再び病気になった茨木に、藤吉は「この道の信仰は、お宮やお寺の拝み信心と違うで。神様の思惑は、いつまでも子供のようにたすけてくれというのではなく、神様の心を知って人をたすけるような心に成人してくれと仰せになる。一ト月信仰すれば一ト月、半年信仰すれば半年、成人の姿が見えてこんければ、この道の信仰とは言えん。最初にたすけてもらったようには、たすけてもらえん」と懇々と説いた。このように藤吉は、親神様の思召《おぼしめし》を承知し、その御心に沿うことが成人の歩みを進めることにつながり、その成人こそが信仰の目的であり、そこにご守護を頂く道があることを伝えている。

そんな藤吉だからこそ、追剥に襲われた際にも「かしもの・かりものの理」の教えが真っ先に閃《ひらめ》いたのだろう。

かしもの・かりものの理にこそたすかりの元があることを魂に刻み込んでいた藤吉は、窮地に立たされた場面でも、きっと教祖のひながたを実践しようと思ったことだろう。表題の逸話は、藤吉が、日常生活において教祖の教えを体現した瞬間を記したエピソードだと思う。

だからこそ、教祖は「よう苦労して来た」と、ここまで成人の歩みを進めた藤吉をねぎらい、さづけの理を渡されたのではないだろうか。

◇

現代に生きる私たちは、ややもすれば、日常生活の中で教えを実践することを疎《おろそ》かにしてはいないだろうか。いま、藤吉のような〝先人の道〟を通れと言われても、できないと思ってしまうかもしれない。しかし、時代や社会状況が変わろうとも、人間の根本に親神様によって生かされて生きている命があることは変わらない。

泉田藤吉といえば、数々の人だすけの実績から、〝おたすけ名人〟という印象があるかもしれないが、実はその姿勢は単純明快だった。藤吉のおたすけの根本にあるのは、生かされて生きる命への感謝と、そのことに気づいた喜びである。かしもの・かりものの理の真実を伝え、相手が承知して行動できるまで、分かりやすく懇々と説いていくところに、藤吉の信仰姿勢がうかがえる。

何より、親神様へのご恩返しこそが、藤吉の成人への歩みを進める手立てとなった。命が軽く扱われつつある現代だからこそ、私たちは、かしもの・かりものの教えをあらためて胸に治め、ご恩返しに励みたい。

二三「人がめどか」

梅谷四郎兵衛（一八四七～一九一九）

■逸話要旨

教祖は、入信間もない梅谷四郎兵衛《うめたにしろべえ》に「やさしい心になりなされや。人を救《たす》けなされや。癖《くせ》、性分《しょうぶん》を取りなされや」とお諭しくだされた。生来、四郎兵衛は気の短いほうであった。

明治十六年、折から普請中の御休息所の壁塗りひのきしんをさせていただいていた四郎兵衛は、「大阪の食い詰め左官《さかん》が、大和三界《やまとさんがい》まで仕事に来て」との陰口を聞いて激しく憤《いきどお》り、深夜ひそかに荷物をまとめて大阪へ戻ろうとした。

四郎兵衛が足音をしのばせて中南の門屋を出ようとしたとき、教祖の咳《せき》払いが聞こえた。

「あ、教祖が」と思ったとたん、足は止まり、腹立ちも消え去った。
翌朝、お屋敷に残った四郎兵衛に、教祖は「人がめどか、神がめどか。神さんめどやで」と仰せくだされた。

生来の短気者、その癖性分を変えたのは

梅谷大一《うめたに・だいいち》 本部准員・船場《せんば》大教会長

この逸話を拝読するたび、「みかぐらうた」の一節が思い浮かぶ。

ひとがなにごといはうとも
かみがみているきをしずめ
（四下り目一ッ）

私たちは、目先の姿にとらわれるあまり、人間思案に陥《おちい》ることが少なくない。このお歌に、どれだけ多くの信仰者が勇気づけられ、心を見つめ直すことができたであろうか。たすけ一

条の道を歩む者にとって、常に神様がお見守りくだされていることは、何より心強く、ありがたいことである。

信心は「夫婦そろうて」

大阪で左官業を営んでいた四郎兵衛は、決して裕福ではなかったが、家族と仲睦《むつ》まじく幸せに暮らしていた。

そんななか、ただ一つ気がかりだったのが兄・浅七の眼病だった。自分のことはそっちのけで、兄の病気の平癒《へいゆ》を願っては、あちこちの神仏へお参りしたという。

明治十四（一八八一）年二月二十日、四郎兵衛は「大和の生き神様」の噂《うわさ》を耳にし、初めてお屋敷へ帰らせていただいた。

初めは、取次《とりつぎ》の先生による神様のお話を、「たすかったら儲《もう》けもの」という軽い気持ちで聞いていたが、「かしものかりもの」「八つのほこり」、そして「いんねんの理」に話が及ぶと、魂を揺さぶられるような思いがした。

もともと信心好きではあったが、これまで聞いたものとは全く違う、真実の神様のお話に、この道に生涯を捧《ささ》げる決意をその場で固めたという。

早速、四郎兵衛は大阪へ戻り、妻・タネに「この道は夫婦そろうて信心するようにと伺った。おまえも一緒に信仰してくれ」と告げた。

こうして、夫婦そろってのたすけ一条の道が始まったのである（逸話篇九二「夫婦揃《そろ》うて」参照）。

「神さんめど」に徹した生涯

さて「人がめどか」の逸話では、入信間もない四郎兵衛に、教祖が「やさしい心になりなされや。人を救けなされや。癖、性分を取りなされや」とお諭しくだされている。

元来、四郎兵衛は短気な性《たち》であった。入信後、船場大教会の初代会長となっても、家族や教会につながる人々に、教えを伝えるうえから、しばしばカミナリを落とした。

とはいえ、教祖の教えを生涯の心として、自分の身勝手や都合だけで腹を立てることは決

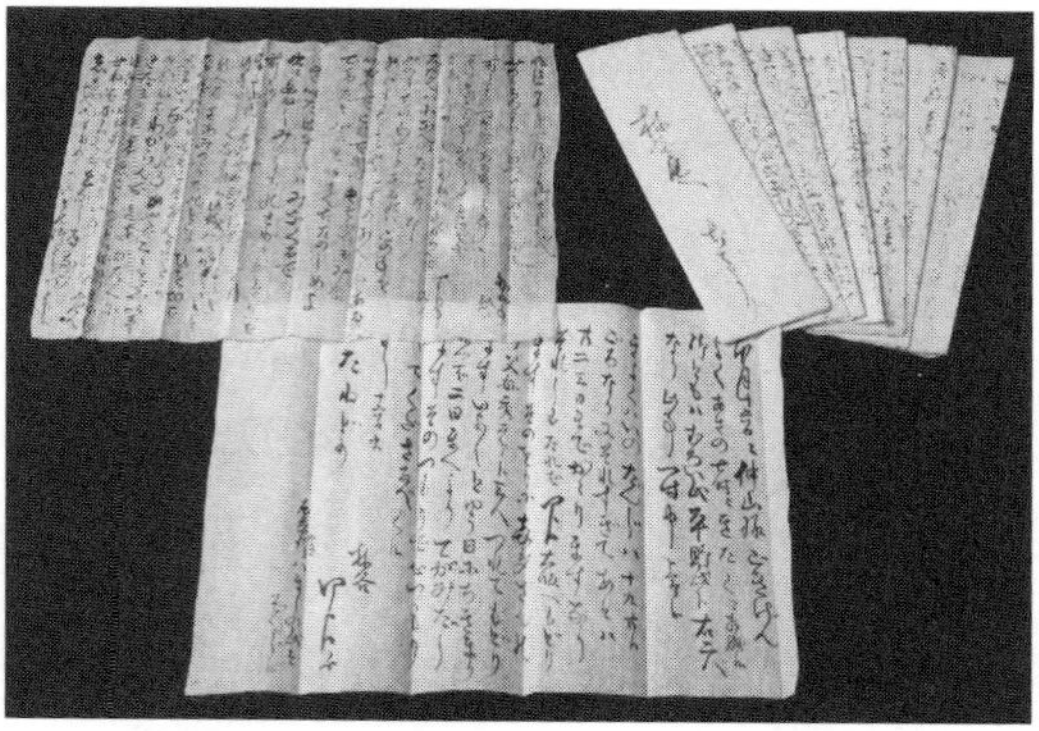

入信以来、四郎兵衛は教祖から伺ったお話を、妻・タネへ書き送った。これらの手紙は、お屋敷の古い障子紙に墨書したものという　（船場大教会蔵）

してなかったという。

こんな話も残っている。四郎兵衛が臨終を迎えようとするとき、身の周りの世話をしていた婦人に、「長い間世話をかけたなあ。わがままなワシによう仕えてくれた。礼を言うで。今度は、親切な、やさしい人間に生まれてくるから、よろしく頼むで」と、か細い声で告げたそうである。

この言葉からも、自らの癖性分をはっきりと自覚し、教祖の教えを、生涯にわたって固く守り通そうとした四郎兵衛の信仰姿勢がうかがえる。

生来の短気者であった四郎兵衛だからこそ、「人がめどか、神がめどか。神さんめどやで」と仰せくださった教祖のお言葉が、心に深く刻み込まれたのだろう。

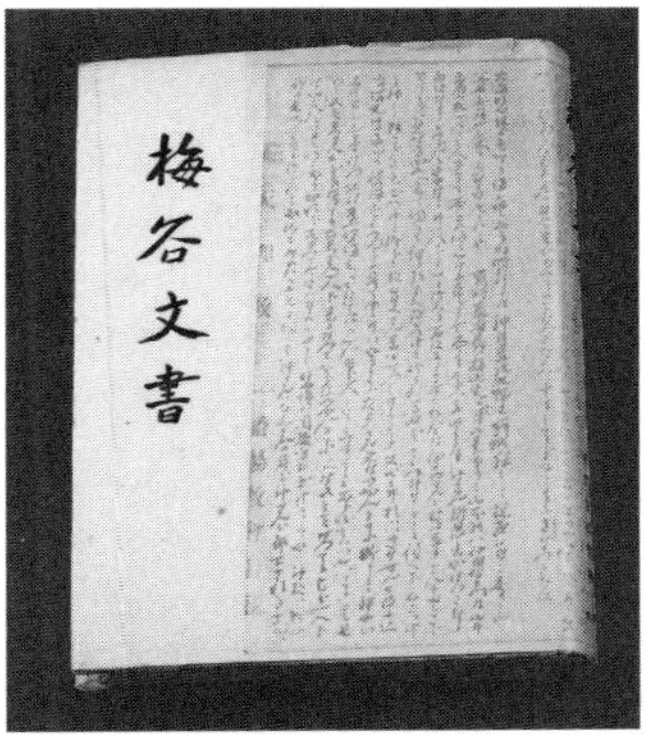

四郎兵衛が妻へ宛てた手紙などをもとに編集された『梅谷文書』

妻へ送り続けた手紙の真実とは

この逸話の舞台となった中南の門屋は、現在、記念建物として本部北庭に残されている。「食い詰め左官が」と陰口を叩《たた》かれて、激しく憤った四郎兵衛が、深夜にこっそりと大阪へ帰ろうとしたとき、当時、教祖のお居間であったこの門屋から、咳払いが聞こえたのである。

私はこの門屋の前に立つとき、「よくぞ、足を止めてくださった」と思う。教祖の咳払いによって気づかせていただいたからこそ、今日の船場大教会があり、梅谷家があると、ありがたい気持ちでいっぱいになる。

また、この逸話を読んだ多くの方々から「自分が行き詰まったとき、この逸話にたすけていただいた」と聞かせていただく。そのたびに、教祖から直接仕込まれた教えを、四郎兵衛が後世に残した意義は大きいと思うのである。

というのも、四郎兵衛は、教祖からお聞かせいただいたことはもとより、道の先輩から教えていただいたことや、当時のお屋敷の様子などを、大阪で留守番をしている妻・タネに、たびたび書き送っていた。

四郎兵衛は、教祖の教えを心に深く刻み込むため、自ら筆を執って手紙に記したのだろう。そして、その教えを自分だけのものに留めることなく、夫婦そろって実践しようと、タネへ事細かに伝えたのではないだろうか。

「夫婦そろうて」とお教えいただいた信仰の元一日を考えれば、妻へ宛てた手紙は、夫婦で、そして家族そろって信心したいという四郎兵衛の思いの表れと思える。「神さんめどやで」という教祖のお言葉は、まさしく四郎兵衛の信仰の源であったに違いない。

「個」を重んじる現代社会に

翻《ひるがえ》って、現代社会では夫婦や家族の絆《きずな》が弱まり、それが原因でさまざまな問題が表れている。

ひと昔前であれば、食事一つとっても、家族そろって食卓を囲むことは当たり前であった。それによって、少なくとも夫婦・親子間のコミュニケーションは図られていたはずだ。

しかしながら、いまは家族の間でも「個」が重んじられ、プライバシーの重要性が声高に叫ばれる。たとえば、テレビや電話は一人一台が当たり前となり、食事でさえ、家族が別々のものを食べる「個食」や、独りで食事をする「孤食」が増えている。

こうして「個」を重んじるがあまりに、一人ひとりのつながりが希薄になるとともに、人間関係を通して、自らの癖性分を見つめ直す機会も減ってきているように思えてならない。

もちろん、プライバシーの尊重は大切なことだが、それも行き過ぎると、ちょっとした意見の食い違いなどが引き金となり、家族関係が歪《ゆが》み、さまざまな事情が現れてくるのも事実であろう。

四郎兵衛は、教祖から「息のさづけ」を頂戴《ちょうだい》した喜びを、やはり手紙でタネに伝えている。しかもその手紙は、生後三カ月の末娘に至るまで、家族全員の名前を挙げて、おさづけの理を拝戴《はいたい》した喜びを伝えてほしいという内容であった。言葉を理解できない赤ん坊の魂にまで、信仰の喜びを伝えてほしいと――。

夫婦が、親子が、人と人とが、お互いの思いをしっかりと伝え合うことは、いかに時代が変わろうとも、絆を強めるうえで決して疎《おろそ》かにしてはいけない大切な心のふれあいである。もとより、それは単なる情報の伝達ということではない。〝心のコミュニケーション〟ということである。

現代社会は、携帯電話やメールなどさまざまなコミュニケーション・ツールが発達しているがゆえに、ややもすると見失いがちな私たちの盲点かもしれない。

◇

「個」が重要視される現代においては、一人ひとりがそれぞれに悩みや問題を抱える時代だとも言えよう。そんな時代だからこそ、夫婦そろっての信心、家族そろっての信仰にまさる確かな拠《よ》り所《どころ》はないと思われる。

こうしたことに気づくヒントを、ご存命の教祖は常にお見せくだされている。四郎兵衛にお知らせいただいた「咳払い」と同じように、時には身上や事情として、また〝親の声〟として、さまざまな形でお示しいただくのである。

四郎兵衛は、教祖の咳払いを、耳ではなく心で聴いたのだと思う。私たちも教祖の親心に気づいて「足を止める」ことのできるよう、日々〝胸のそうじ〟に努め、心を澄ましていきたい。

三〇「小さな埃は」

高井直吉（一八六一～一九四一）

■逸話要旨

明治十六年ごろ、教祖から御命を頂いて、当時二十代の高井直吉《たかいなおきち》は、お屋敷から南三里（約十二キロ）ほどの所へおたすけに出させていただいた。

身上患いについてお諭しをしていると、先方は「わしはな、未《いま》だかつて悪い事をした覚えはないのや」と、剣もホロロに食ってかかってきた。

高井は「私は、未《ま》だ、その事について、教祖に何も聞かせて頂いておりませんので、今直《す》ぐ帰って、教祖にお伺いして参ります」と言って、三里の道を走って帰った。

すると、教祖は「それはな、どんな新建《しんだ》ちの家でもな、しかも、中に入らんように隙間《すきま》に目張りしてあってもな、十日も二十日も掃除せなんだら、畳の上に字が書ける程の埃《ほこり》が積もるのやで。鏡にシミあるやろ。大きな埃やったら目につくよってに、掃除するやろ。小さな埃は、目につかんよってに、放って置くやろ。その小さな埃が沁《し》み込んで、鏡にシミが出来るのやで。その話をしておやり」と仰せくだされた。

高井はお礼申し上げ、先方へ取って返して「ただ今、こういうように聞かせて頂きました」と取り次いだ。先方の人は詫《わ》びを入れて、それから信心するようになり、身上の患いはすっきりとご守護いただいた。

〝教えの根〟生涯掘り続けて

高井 久太郎《たかい・ひさたろう》 本部准員

直吉は文久元(一八六一)年一月十九日、南河内《みなみかわち》郡志紀《しき》村大字老原《おいはら》(現・大阪府八尾《やお》市老原)で、父・猶右衛門《なおえもん》と母・ミノの長男として生まれた。当時の高井家は、かなりの田地《でんじ》持ちとして知られる農家で、猶右衛門は村の責任ある立場にあったという。しかし直吉が三歳のとき、猶右衛門が突然出直した。その後は姉夫婦(庄五郎・なを)によって育てられることになった。

姉の身上からお屋敷へ

直吉が幼少のころ、鳥羽伏見《とばふしみ》の戦いで大阪の火薬庫が爆発し、その爆発の振動で、縁から落ちて右足を骨折したという。その後遺症のためか、足が少し不自由であった。

そんな直吉の入信のきっかけは、なをの身上をおたすけいただいたことにある。当時、母代わりのなをは、ひどい難産による産後の肥立ちの悪さに苦しんでいた。ちょうどそのころ、塩魚の行商人から「大和の庄屋敷村に、何でもたすけてくださる結構な生き神様がいらっしゃるそうな」と聞いた。

早速、家の者がお供え物をして、大和の方角に向かってお願いしたところ、なをは二、三日ですっきりとご守護いただいたのである。

以後、直吉は姉夫婦に連れられ、お屋敷へ足繁《あししげ》く通うようになった。直吉が初めて一人でおぢば帰りをしたのは、十二歳のころであったと伝えられている。

あだ名は「れんこん掘り」

お道に引き寄せられた直吉は、数年後、若くしてお屋敷に住み込むことになる。このことは、教祖のご長男・秀司先生の寛大なお心なくして語ることはできない。

それは、明治十二年のことであった。当時数え十九歳の直吉は、村一帯で流行《はや》っていた悪性の感冒《かんぼう》に罹《かか》った。この病によって十四、五人の村人が亡くなったが、直吉は鮮やかにご守護いただいた。

それから間もなく、直吉は教祖のもとへお礼に参り、そのままお屋敷に滞在したのである。初めの一年余りは、お屋敷と河内の実家を行き来しながらの生活であった。住み込みとはいえ、直吉は食費を払って詰めていたので、小遣いのある間はお屋敷の御用を勤め、小遣いがなくなると食費を稼ぐため河内へ戻った。

こうした直吉の姿を見ておられた秀司先生は「直さん、それでは気の毒や。わしが食べる一杯のご飯も分けて食べようやないか。もう、あんな遠い河内まで帰らんとき」と言ってくだされた。翌十三年から、直吉はお屋敷に住み込むことになったのである。

当時は官憲の取り締まりが厳しいころであり、信者が集まる便宜《べんぎ》上、宿屋兼蒸し風呂の開業を余儀なくされていた。教祖をはじめ、秀司先生やお屋敷で仕えていた高弟の方々は、大変なご苦労の道中を通られていたころである。

姉ともどもにたすけていただいたうえに、こうしたご恩まで頂戴《ちょうだい》した直吉の喜びは、いかばかりであったか。生涯お屋敷に住み込んだ直吉の姿に、その一端をうかがうことができる。

直吉は、幼くして生みの親と死に別れ、これといった職もないうえに、文字すら書けなかった。独り身であったため、その身軽さから、お屋敷に住み込むのに何の支障もなかったと想像される。

とはいえ、そのような〝ないないづくし〟の直吉が唯一持っていたものは、教祖にたすけていただいた喜びと、人並み外れた正直さであった。

「何にも持っていない」という直吉だけに、毎夜、教祖からお聞かせいただく数々のお言葉を、そのまま素直に受け取り、生涯実行し続けたのであろう。

のちに直吉は「人は字知っとるさかい、書くのに一生懸命で、心に話を聞いてない。わしは字書けんよって、どんな話も性根入れて聞いた」と述懐している。

また「わしの話さしてもらうのも、わしの考えは一つもない。教祖に聞かしてもろうた事、そのままや。我々人間が、どうして考えて話できるものか」とも。

字が書けなかっただけに、教祖のお言葉はもとより、お屋敷に詰めている高弟の方々に対しても、納得ゆくまで根掘り葉掘り、うるさいほど質問し、「れんこん掘り」とあだ名された直吉らしい物言いである。

教祖一条の信仰に徹して

こうした直吉の純朴な態度は、おたすけの姿勢にも表れている。

表題の逸話は、直吉がお屋敷に住み込んで三年が経《た》ったころのエピソードである。

当時二十代の直吉が、おたすけ先で身上患いについてお諭ししたところ、先方に「わしはな、未《いま》だかつて悪い事をした覚えはないのや」と食ってかかられた。

そのとき直吉は「未《ま》だ、その事について、教祖に何も聞かせて頂いておりませんので、今直ぐ帰って、教祖にお伺いして参ります」と、一度お屋敷へ戻り、教祖からお聞かせいただいたことを、そのまま先方に諭したのである。

まさに直吉の心の低さと正直さがうかがえるエピソードであろう。そしてそこには、人間思案を一切排した、神に対する絶対的な信仰をも感じ取ることができる。

直吉の取ったこの行動には、実はようぼくとして最も大切な心構えが隠されているのではないだろうか。

毎夜のごとく、教祖から教えをお聞かせいただき、諸先輩方をつかまえては、あらゆることを質問した「れんこん掘り」の直吉ならば、おたすけ先でどんな言葉を投げかけられても、うまく切り返すことはできただろう。

直吉が「お息の紙」の奉仕のときに使っていた鉄瓶。この鉄瓶の蒸気や白湯《さゆ》で、のどを潤しながらつとめたという　（高井家蔵）

しかし直吉は、そうしなかった。それは、教えがそのまま心に治まっているからであり、教えの理の重さを十分に知っているからだと思う。

直吉の残した足跡には、目立って表舞台に出てくるようなものは何一つないが、若くしてお屋敷に住み込み、教祖の温《ぬく》もりの中で、お道の信仰を一から直々《じきじき》にお仕込みいただいた宝があった。

だからこそ、教祖一条の信仰に徹し、教祖に教えていただいたことを、そのまま素直に実行したのではないだろうか。

をやの理を受けてこそ

翻《ひるがえ》って、現代社会に生きる私たちは、この逸話をどのように悟ればいいのだろうか。

この逸話で、教祖は「小さな埃は、目につかんよってに、放って置くやろ。その小さな埃が沁み込んで、鏡にシミが出来るのやで」と仰せられている。

信仰者である私たちは、親神様の御教《み》えを信じ、教祖が自らお示しくだされた手本ひながたを唯一の頼りにして、日々お道の御用に努めさせていただいている。

しかし、そうした日々の中で、どれだけをやに聞かされていないことを言い、思召《おぼしめし》に沿わない行動をしているかしれない。

それは、目に見えぬ「小さな埃」を、知らずしらずのうちに積んでいることと同じではないか。常に己《おのれ》を振り返り、自ら足元を正そうとする心構えが大切だと思う。

直吉の伝記に残されているエピソードの一つに、教祖から「おたすけに出よ」とのお許しを頂くと、面白いようにご守護をお見せいただくが、無断で出向くと、一つもおたすけが上がらなかったという話がある。

このことについて、直吉は「やっぱり教祖のお許しがなかったら、何もできんのやなあ」との言葉を残している。

また明治十七年四月（陰暦三月）、直吉は教祖より「息のさづけ」の取り次ぎをお許しいただき、同じころに赤衣《あかき》も頂戴している。

その際、教祖は「まだ早いと思うたけど、先渡しておく。おたすけに行くときは、この赤衣を身につけて行くのやで。そのときは月日の名代《みょうだい》やで」と仰せられたという。

直吉の真っすぐな信仰に対して渡されたのかもしれないが、私は、その心の向きを生涯外さぬようにと、前もって渡されたのではないかと悟らせていただく。

つまり、私たちようぼくの基本精神は、直吉の生涯に見られるように、どんな立場にあっても、をやの理を受けてものを言い、行動することにあると思うのである。

四二「狭いのが楽しみ」

深谷源次郎（一八四三〜一九二三）

■逸話要旨

深谷《ふかや》源次郎《げんじろう》が、なんでもどうでもこの結構な教えを広めさせていただかねばと、ますます勇んであちらこちらとにをいがけにおたすけにと歩かせていただいていたころの話。

当時、源次郎は、もう着物はない、炭はない、親神様のお働きを見せていただかねば、その日食べるものもない、という中を、心を倒しもせずに運ばせていただいていると、教祖はいつも、

「狭いのが楽しみやで。小さいからというて不足にしてはいかん。小さいものから理が積

もって大きいなるのや。松の木でも、小さい時があるのやで。小さいのを楽しんでくれ。末で大きい芽が吹くで」
と、仰せくだされた。

人並みはずれた陽気な生涯

深谷 源洋　河原町《かわらまち》大教会役員
ふかや・もとひろ

源次郎は天保十四（一八四三）年二月十七日、京都市東山区古川町三条《ふるかわちょうさんじょう》下ル進ノ町《しんのまち》で生まれた。父・源兵衛は尾張国《おわりのくに》愛知郡熱田《あつた》庄（現・名古屋市）の生まれで、若くして京都へ出て修業した後、鍛冶屋《かじや》「丹源《たんげん》」の暖簾《のれん》を上げた。

父は源次郎を商人にしたいと考えていたようだが、本人は「商人は駆け引きが多く、疑い深い。品物の値打ちだけで買《こ》うてもらえば良いから」との理由で、鍛冶職の道を選んだ。

父の店を継いだ源次郎は「すさ切り鉈《なた》の名人」として、名古屋まで名が知られるほどの職人となった。「値打ちだけで」との信念を通し、「正直鍛冶源」の異名をとったという。

また、十代のころから「両親を安心させたい」と家運繁栄を願って、早暁《そうぎょう》の水垢離《みずごり》を毎日欠かさなかった。仕事は午前中に一日分を仕上げ、午後の仕事で得た収入はすべて両親を喜ばすために使うほど、近所でも評判の親孝行者であった。

失明の危機に瀕して

そんな源次郎が入信したのは明治十四（一八八一）年九月、三十八歳のとき。近所に住む知人に誘われ、京都で布教をしていた信者宅を訪れた際、「火と水とが一の神」との教えを聞いて、職業柄いたく感心した。

また生来、明るく朗らかな性格の源次郎は、にぎやかな鳴物とお歌に合わせて踊るという陽気な信仰に引かれて、夫婦そろって信仰を始めた。早速、翌日には友人ににをいを掛け、熱心に通うようになった。

入信から半年後のこと。仕事場で鎚《つち》を振るっていた源次郎の右目に、真っ赤に焼けた鉄くずが飛び込み、失明の危機に陥《おちい》った。

源次郎は目を押さえたまま、自宅の二階にお祀《まつ》りした神前へ進み、「ご守護くださるなら、たとえ火責め水責めにあっても生涯、神様のために働きます」と誓っておつとめを勤めた。すると、痛みは治まり、鉄くずが目から落ちた。すぐさまおぢばへ帰り、お話を聞かせていただくうちに、目が元通りとなる鮮やかなご守護を頂いた。

これを契機に、源次郎の信仰は固まった。明治十七年三月には斯道会《しどう》結講のお許しを戴《いただ》き、講元となった。その後、明治二十年にはおさづけの理を拝戴《はいたい》し、より一層にをいがけ・おたすけに奔走するようになったのである。

どんなことも喜ぶ努力

ところが、表題の逸話にあるように、源次郎が講社を結成して間もなく、次第に生活が苦しくなっていった。そして、教祖から「小さいのを楽しんでくれ。末で大きい芽が吹くで」

とのお言葉を頂いたのである。

その後も「今の処《ところ》は心を配《く》ばりて、楽しんで居《い》るようの心定めてくれ」（明治20・10）との「おさしづ」を頂戴《ちょうだい》している。こうした親神様・教祖の励ましを頂いて、源次郎の信仰は一層深まっていったのである。

当時の源次郎の生活ぶりを表すこんなエピソードがある。

ある日、源次郎宅に信者が四、五人立ち寄り、泊まることになった。ところが、源次郎は鍛冶仕事の道具はおろか寝具さえも質入れをしており、翌朝の食事の支度もままならなかった。

妻・ハナが心配していると、源次郎は「ええわいな、ええわいな。なんにも案じることはいらん。神様があんじょうしてくださるわい」と、こともなげに言って眠ってしまった。

ハナは一睡もできずに夜を明かしたが、早朝、仕事の注文に来た人があり、手付け金五円を置いていった。結局、朝食の支度もでき、鍛冶道具も布団も取り戻せたのであった。

また、ある日のこと。仕事に精を出していた源次郎が、鎚に躓《つまず》いて倒れ、角床《つのどこ》に額をひどくぶつけたことがあった。とっさに「ああ痛や、ありがたや、ありがたや」と叫んだので、周囲の者が訳を尋ねると、「痛いということを感じさせてもらえるのが、ありがたいのや」と答えたという。

晩年、源次郎は両目が不自由になったが、少しも悲しむ様子はなく、「神様のご守護て偉いもんやないか。鍛冶屋していたときに怪我《けが》したほうが後から悪くなってきたで」と、どこまでも喜んで通った。

これらのエピソードは、源次郎がいかに教祖のお言葉を信じきり、それを頼りとして、どんなことも喜ぶ努力を重ねて歩んだかを物語っている。

「陽気に神が入り込む」

こうした源次郎の明るく陽気な信仰に感化され、やがて大勢の人々がこの道を歩むこととなる。

あるとき、子供が授からずに悩んでいた女性が源次郎のもとを訪ねてきた。その際、源次郎は「あんたは、よほど前生《ぜんしょう》で徳を積んでこられたのや。それで今生《こんじょう》では、手のかかる子供で苦労せんかてよいのや。徳が減らんように日々喜んでお通りやすや」と優しく諭した。

その女性は「あんなにうれしいことはなかった」と喜び、間もなく女の子を授かった。

また、事情に悩む人には「それは、このうえもなく結構なことやで。神様があなたを見込んでくだされて、ゆくゆく偉いものにしてやろうとの思召《おぼしめし》から、埃《ほこり》をかけてくださるのや。木の根本に芥《あくた》や埃を沢山《たくさん》かければ、その木は大木になるのや。人間は埃をかけてもらうようにならねばならん。埃をかけられても、芯《しん》を腐らしてはあかんで。いまに、あなたでなければならないように人がもたれてくる。喜びや。勇みや」と励ました。

このように、どこまでも信者を大切にした源次郎だが、時には厳しく諌《いさ》めることもあったようだ。

ある教会長が謙遜《けんそん》して、「身の不徳のため、ご守護を頂くことができません」と言うと、「そのあいさつの仕方は違う。おまえだけの力でお道を発展させようと思うから、不徳というような言葉が出るのや」と叱《しか》った。

そして、次の瞬間にはニッコリ笑って「『おかげさまで、また〳〵帰らせていただきました』と言うのや。何をさしていただくのも、みな〳〵親神様・教祖のおかげということを片

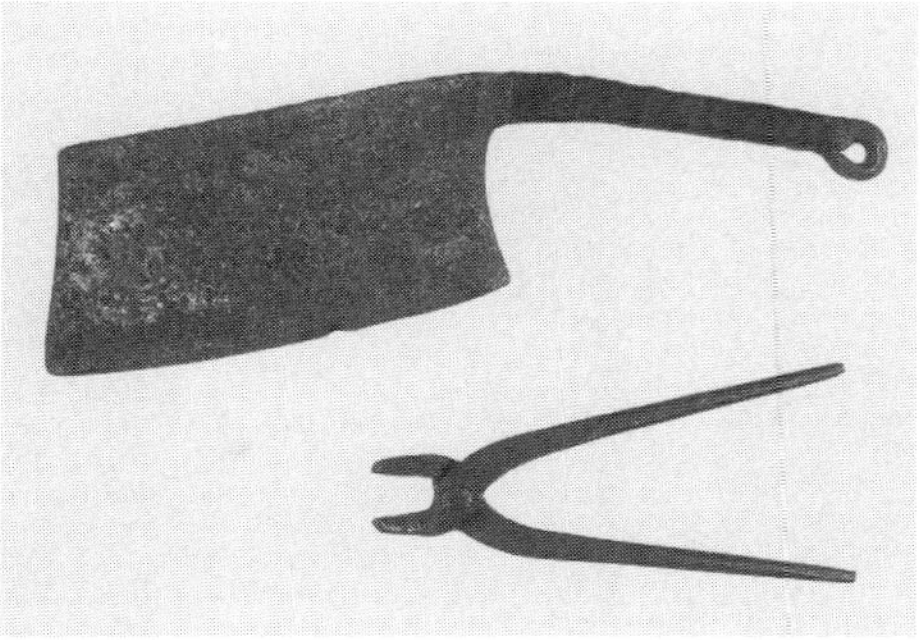

鍛冶職人の源次郎が使っていたハッピと道具、製作した鉈
（深谷家蔵）

時も忘れず、喜んでつとめさしていただくからご守護を下さる。それを、ともすれば忘れて、我《われ》がすると思うから、不足心が湧《わ》き、案じ心が出てくる。この二つの心を去り、親神様・教祖のご守護を日々喜んで通るならば、末では結構なご守護を頂けるのや」と懇々と説いたという。

のちに、源次郎は口癖《くちぐせ》のように「病人は喜ばさにゃ神様のご守護はない。いずますようではたすからん。陽気に神が入り込んでくださるのや」と繰り返し人に語っている。

「陽気に神が入り込む」――これこそが、「けっこう源さん」と人々に慕われた源次郎の信仰信念であった。

その人並みはずれた源次郎の陽気さの源《みなもと》は、「小さいのを楽しんでくれ。末で大きい芽が吹くで」との教祖のお言葉にあったのではないだろうか。つまり、人間思案ではつらく苦しい現状の中も、源次郎は「神様は必ず、一番結構な姿をお見せくださる」と固く信じきったからこそ、おのずと喜びと明るさが湧き出たと思うのである。

◇

現代に目を転ずれば、家庭内では夫婦間の暴力や離婚、子供の不登校やひきこもり、虐待などさまざまな問題が頻発《ひんぱつ》している。

また社会でも、経済不況による雇用不安やリストラ、さらには自ら命を絶つ人が年間三万人を超えるなど、確かな心の拠《よ》り所《どころ》を持たぬがゆえに〝社会的な閉塞感《へいそくかん》〟に包まれ、心の闇《やみ》に陥《おちい》る人々が少なくない。

親神様は、人間が陽気ぐらしをするのを見て共に楽しみたいとの思いから、この世と人間をお造りくだされ、いまも変わらぬ親心を私たち一人ひとりにかけてお導きくださっている。この真理を伝えることこそ、私たちようぼくの大きな使命であることを、あらためて肝に銘じたい。たとえ、どんな困難な中にあっても、親神様・教祖の御心《みこころ》にもたれきれば、心に喜びと希望が生まれると思うのである。

そのためにも、まずは源次郎のように、私たち自身が親神様・教祖を信じきり、将来を楽しみに、この道を陽気に楽しんで通ることが大切であろう。そして、心の闇路をさまよう世界の人々にをやの思召を伝え、勇ませ、共に陽気ぐらしの道へと歩を進めてもらえるよう、親身のおたすけを心がけたいものである。

四四「天に届く理」

鴻田忠三郎（一八二八～一九〇三）

■逸話要旨

教祖は、明治十七年三月二十四日（陰暦二月二十七日）から四月五日（陰暦三月十日）まで奈良監獄署へ御苦労くだされた。鴻田忠三郎《こうだちゅうざぶろう》も十日間入牢拘禁《にゅうろうこうきん》された。

その間、忠三郎は、獄吏《ごくり》から便所掃除を命ぜられた。忠三郎が掃除を終えて、教祖の御前に戻ると、教祖は「鴻田はん、こんな所へ連れて来て、便所のようなむさい所の掃除をさせられて、あんたは、どう思うたかえ」と、お尋ねくだされたので、「何をさせて頂いても、神様の御用向きを勤めさせて頂くと思えば、実に結構でございます」と申し上げると、教祖の仰せくださるには、「そうそう、どんな辛《つら》い事や嫌《いや》な事でも、結構と思うてすれば、天に届く理、神様受け取り下さる理は、結構に変えて下さる。なれども、えらい仕事、しんどい仕事を何《な》んぼしても、ああ辛いなあ、ああ嫌やなあ、と、不足々々でしては、天に届く理は不足になるのやで」と、お諭しくだされた。

たんのうは天に届く理

鴻田 好彦 本部准員
こうだ・よしひこ

忠三郎は、文政十一（一八二八）年二月二十二日に生まれ、五歳のとき北檜垣村《きたひがい》（現・天理市檜垣町北）の鴻田家へ養嗣子として迎えられた。

若くして養父の跡を継いで村の年寄役となり、その後、庄屋、戸長を務め、四十八歳のときには村の惣代《そうだい》に任じられている。

娘の目の患いを機に

その人柄は、非常に慈悲深く、家族もあきれるほどの人情家だったといわれている。人に施すのが好きで、野菜などの作物も他の家の二倍も三倍も作っていたが、収穫に出かけた忠三郎が、帰り道で村人から「茄《なす》が枯れた」「南瓜《かぼちゃ》がない」と聞くと、その都度分け与えてしまい、家に着いたときには、いくらも残らなかった。あきれる家族に「家には何なとあるだろうから、他の物でも煮ておけ」と諭していたという。

そんな忠三郎の入信前の経歴で顕著なのは、農業指導者としての面である。農政の歴史から見れば、明治初期は「老農」と呼ばれる篤農家《とくのうか》たちが全国で活躍した時代であった。彼らは、在来農法の技術改良やその普及を通して、農産物の増産に尽力した。忠三郎も籾種《もみだね》や綿実の改良に貢献したり、諸国から良い種子を取り寄せて試作し、結果の良いものを村人に配布したりした。

こうした功績が評価されて、忠三郎は大日本農会の種芸課農芸委員担当や大阪府の農事通信員に指名され、明治十四（一八八一）年四月には新潟県勧農場（のちの新潟県農学校）に指導者として招聘《しょうへい》されることとなった。

そんな忠三郎にとっての大きな憂いが、二女・りきの目の患いだった。雪国の新潟は、冬場は農閑期となるので、忠三郎は年の暮れには休暇をもらって大和へ戻った。そのころ、りきの目の容体は、いよいよ悪くなり、失明の危機に瀕《ひん》していた。徐々に視力を失っていくわが子を案じて、忠三郎はどれほど心を痛めたことだろう。

そんななか、同じ村に住む岡田与之助（のちの宮森与三郎）からにをいが掛かり、明治十五年三月五日、藁《わら》にもすがる思いで忠三郎夫婦とりきが初めてお屋敷へ帰り、七日間滞在することとなった。

三日目には、妻・さきが娘をたすけたい一心から「私の片目を差し上げますから、娘の片方だけなりともおたすけください」と願ったところ、その晩から次第にさきの片目は見えなくなり、その代わりに娘のりきの片目が見え始め、すっきりおたすけいただいた。

このときの不思議なたすけに感激した忠三郎は、信心の決意を固めた。そして、教祖から「道の二百里も橋かけてある。その方《ほう》一人より渡る者なし」とのお言葉を頂き、入信から日が浅かったにもかかわらず、決意も新たに、あらきとうりようとして赴任地の新潟に道を伝え、おたすけに奔走するのである（逸話篇九五「道の二百里も」参照）。

〝不思議〟相次ぐ中で

お道と出合った忠三郎は、その立ち居振る舞いも以前とは著しく違ったようだ。たとえば、こんなことがあった。

春先、畑の農作物に虫がついて困っていると聞いた忠三郎は、その場に出向き、畑の真ん中で親神様にお願いを始めた。その姿に、居合わせた人たちは驚き笑った。勧農場の先生が、いきなり畑の真ん中で、見たこともない不思議な踊りを始めたのだから無理もない。しかし翌日になると、畑の虫は跡形もなく消えていたという。

また、当時の新潟ではコレラが流行していた。生徒にも罹病者《りびょうしゃ》が出たが、忠三郎が親神様にお願いして、お供えした水を与えると、不思議なたすけが現れた。

こうした話が近郷近在に伝わって、忠三郎のもとには半年間に百数十戸の信者宅ができている。そんな忠三郎の懸命な様子を彷彿《ほうふつ》させるエピソードがある。

このころ、新潟の町には「夜明け前の信濃川《しなのがわ》に化け物が出る」との噂《うわさ》話が流れていた。実は、その正体は、神前で毎朝「みかぐらうた」を唱える忠三郎が、まだ暗いうちに起きて、川に浸《つ》かって身を清めていた姿であったという。

一方、お屋敷では官憲からの弁難攻撃が一層厳しくなっていた。教祖の長男・秀司様の出直し後、家督を継がれた眞之亮・初代真柱様はまだ若く、後見役を務めていた山澤良治郎も身上となって、対外的な応対のできる者が求められていた。そこで、忠三郎に知らせがあり、明治十六年一月に大和へ戻ることになった。以後、三十六年に出直すまで、忠三郎はお屋敷の御用に専心した。

「神の用向き」と受け取り

表題の逸話にある入牢拘禁は、忠三郎がお屋敷にいた折、突如やって来た巡査が、御供《ごく》と忠三郎が記した古記《こき》を見つけたことがきっかけであった。

「こんな所へ連れて来て、便所のようなむさい所の掃除をさされて、あんたは、どう思うたかえ」

「神様の御用向きと思えば、実に結構でございます」

教祖と忠三郎の間で交わされたこのやりとりからは、不足心や、つらい境遇を耐え忍ぶといった様子はうかがえない。むしろ、ほのぼのとした温《ぬく》もりや、自然な喜びが伝わってくる。

『稿本天理教教祖伝』をひもとくと、教祖は、官憲の拘引を憂慮する者たちに「何も、心配は要《い》らんで。この屋敷は親神の仰せ通りにすればよいのや」（第九章「御苦労」）と諭され、いそいそとお出かけになっている。

教祖のおそばで仕えていた忠三郎も、こうした教祖のお諭しやご態度に接していたはずである。それゆえに、身は囚《とら》われていても、心は囚われることなく、教祖と共にあるその空間は、まさしく神一条の世界であり、身をもって陽気ぐらしを実践される教祖のみを見つめていたのだろう。だからこそ、何を命じられても「神の用向き」と捉えて、「実に結構」な気持ちになれたのではないだろうか。

◇

こうした忠三郎の歩みから、現代に生きる私たちが学び取れることは、常に思案の基準を親神様の思召《おぼしめし》に置き、身に行うことの大切さである。

小さなわが身思案からは、真の喜びは生まれてこない。いかに結構な与えを頂戴していても、そのことに気づかず、むしろ、あれが欲しい、相手にこうしてほしいといった自分中心の欲が積み重なると、気持ち一つでできるささいなことも「どうして私がこんなことを……」と不足に思うことがあるのではないか。

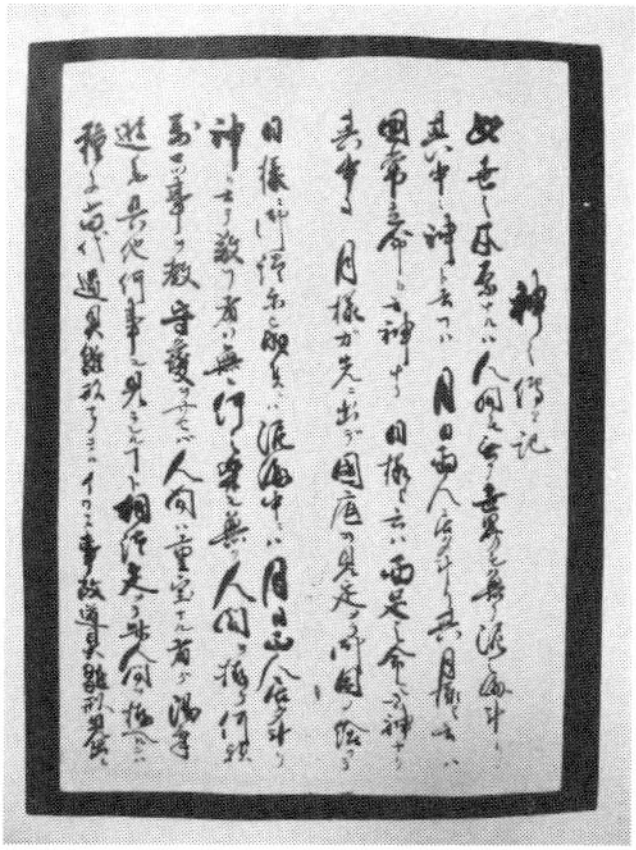

忠三郎が書き記した「こうき話」

一方、忠三郎のように、なんでも神様の御用として受け取る心が定まれば、どこでも、誰でも、どんなつらいことや嫌なことでも、神の望む阿呆《あほう》のような低い心になって「結構、結構」と喜べるだろう。その心こそが「天に届く理」となることを、当時の人々はもとより、後々の私たちへ伝えるために、あえて教祖は「監獄」「忠三郎」、そして「便所掃除」を用いられたのではないだろうか。

投獄と、そこで強いられる労役を考えれば、極めて劣悪な状況であることは分かる。そうした極限の中での御苦労であるにもかかわらず、この逸話を拝読すると、筆者は、なんともいえないほんのりとした温かい気持ちになる。

たとえ、日ごろから教えに接している信仰者であっても、ついつい不足の心が頭をもたげて悶々《もんもん》とすることはあるだろう。そんなとき、この逸話を拝読すると、心の曇りが晴れて、まるで教祖から「そうそう。結構と思うてすれば、神様受け取り下さる理は、結構に変えて下さる」と親しく声をかけていただいたような気持ちになる。

◇

お屋敷に勤めきった忠三郎は、明治三十六年に七十六歳で身上をお返しした。忠三郎が最後に頂いた「おさしづ」の中に、次のお言葉が記されている。

「よう聞き分けてたんのうしてくれ。一時やない。もうそれはどうこれはこうと、存命の間に十分たんのうすれば、重々末代の理である」（明治34・8・10）

一四五「いつも住みよい所へ」

増野正兵衛（一八四九～一九一四）

■逸話要旨

明治十七年二月、増野正兵衛《ますのしょうべえ》の妻いとは、神戸三宮《さんのみや》の小山弥左衛門《こやまやざえもん》の娘お蝶《ちょう》から「天理王命様は、まことに霊験のあらたかな神様である」と聞いた。

当時いとは、三年越しのソコヒを患っており、何人もの名医にかかったが、如何《いかん》とも為《な》すすべはなく、ただ失明を待つばかりという状態であった。

また正兵衛自身も、ここ十数年来、脚気《かっけ》などの病に悩まされ、医薬の手を尽くしながら、なお全快せず、曇天のような日々を送っていた。

そこで二月十五日、初めて弥左衛門から、お話を聞かせてもらうこととなった。急いで神床《かんどこ》を設け、神様をお祀《まつ》りして、夫婦揃《そろ》ってお話を聞かせていただいた。そのとき「身上の患いは、八つのほこりのあらわれである。これをさんげすれば、身上は必ずお救《たす》け下さるに違いない。真実誠の心になって、神様にもたれなさい」、また「食物《たべもの》は皆、親神様のお与えであるから、毒になるものは一つもない」と。

そこで、病気のためここ数年来やめていた好きな酒であるが、その日のお神酒《みき》を頂いてみた。ところが、翌朝はすこぶる爽快《そうかい》である。一方、いとの目も、一夜のうちに白黒が分かるようになった。

それで、夫婦そろって神様にお礼申し上げ、小山宅へも行ってこの喜びを告げ、帰宅してみると、日暮れも待たず、また盲目同様になった。

そのとき「一夜の間に、神様の自由《じゆうよう》をお見せ頂いたのであるから、生涯道の上に夫婦が心を揃えて働かせて頂く、と心を定めたなら、必ずお救け頂けるに違いない」と語り合い、夫婦心を合わせて、熱心に朝夕神前にお勤めして、心を込めてお願いした。

すると、正兵衛は十五日間、いとは三十日間で、すっきりご守護いただいた。

その喜びに、四月六日（陰暦三月十一日）、初めておぢばへ参詣した。その日は教祖が奈良監獄署からお帰りの日であったので、奈良までお迎えしてお供《とも》をして帰り、九日まで滞在させていただいた。教祖は「正兵衛さん、よう訪ねてくれた。いずれはこの屋敷へ来《こ》んならんで」と優しくお言葉を下された。

このお言葉に強く感激した正兵衛は商売も放っておかんばかりにして、おぢばと神戸の間を往復して、にをいがけ・おたすけに奔走した。が、おぢばを離れると、どういうものか、体の調子が良くない。

それで伺うと、教祖は「いつも住みよい所へ住むが宜《よ》かろう」と、お言葉を下された。このとき正兵衛は、どうでもお屋敷へ寄せていただこうと、固く決心したのである。

その一言に定めた生涯のつとめ

増野 正俊《ますの・まさとし》 本部員

正兵衛は嘉永二（一八四九）年三月一日、萩藩《はぎ》（現・山口県）の藩士である父・庄兵衛の長男として生まれた。幼名を友次郎といい、萩の明倫館で文武の道を学び、なかでも射的の術に長じていた。

長州藩士から鉄道員に

万延元（一八六〇）年、十二歳のとき萩城内記録所に出仕し、翌文久元（一八六一）年には明倫館書物係を命じられている。

これは大した役柄というわけではないが、わずか十三歳で役付けされたことは、正兵衛が凡庸な質《たち》ではなかった事実を裏づけている。

文久二年、藩主・毛利敬親《たかちか》が居城を山口へ移した際には、正兵衛も共に移って藩務を勤め、元治元（一八六四）年に徳川幕府が長州征伐のために大軍を率いて攻め込んだときは、まだ十五歳の身でありながらも、高杉晋作らとともに出陣した。

やがて大政奉還、王政復古となると、明治二（一八六九）年の遷都のとき、長州藩から選ばれて護衛兵として加わり、外国軍艦に乗って東京へ。四年には、天皇および御所の護衛を目的とする政府直属の軍隊「御親兵掛」となったが、一年余りで軍職を退いている。

その後、明治五年に外国人から鉄道の事務を学び、東京・横浜間に鉄道が敷かれた際には、横浜・品川・新橋の各駅に勤務し、名前も「志章」と改めた。七年、阪神間に鉄道が敷かれるや三宮駅へ移り、三十歳のとき同駅助役に昇進している。

三宮駅時代、神戸元町付近に下宿していた正兵衛は、向かいに春野利三郎という素封家《そほうか》があり、その妹・いとと結婚した。その後、明治十五年まで三宮駅に勤務したが、健康が優れず職を辞した。

国内の鉄道の黎明期《れいめいき》を支えた正兵衛は、東京駅の初代駅長・高橋善一《よしかず》氏を配下に従えていた時代もあり、もし鉄道員として勤め続けていれば、相当な地位が約束されていたことを思うと、その挫折による絶望感は推し量るに難《かた》くない。

鉄道界を退いた正兵衛は、多少の貯蓄もあったので、元町三丁目に家を新築して、「東京屋」という屋号で東京仕入れの小間物店を開業。このとき、亡き父・庄兵衛から名をもらい、「正兵衛」と改名した。

夫婦そろうて信心したら

正兵衛の入信は、これより二年後の明治十七年二月のことである。

鉄道職を辞める前から妻・いとが目を患い、医者に診《み》てもらったところ、ソコヒとのことだった。ティーラーという外国人が経営する病院にまで通ったものの、病は治るどころか悪化するばかりで、やがていとの目はほとんど見えない状態となった。

ある日、いとは病院帰りに、三宮に暮らしている幼なじみの「お蝶さん」という人の家に立ち寄った。その際、「天理王命という神様は誠に霊験ある神で、どんな病気でも治らぬことはない」と聞いた。いとが「それなら私のソコヒも治るのでしょうか?」と尋ねると、お蝶さんは「夫婦そろうて信心さしてもろうたら、必ず平癒《へいゆ》する」と断言した。

いとは帰宅すると、早速、その由を正兵衛と諮《はか》ったが、正兵衛は「話くらいで病気がたすかるものか」と取り合わなかった。

とはいえ、いとのソコヒは三年越し。どの医者にかかっても結果は同じで、もう盲目になるのを待つばかりという状況だったので、いとは「場合によったら夫婦別れしても差し支えない」とまで熱心に主張した。

この妻の決心に正兵衛の心は動き、また己《おのれ》も病身であったため、一つ話を聞いてみようということになった。その後の顛末《てんまつ》は逸話の通りである。

こうして教祖に初めてお目通りをしてから、正兵衛は五年余りの歳月をかけて家業を整理し、明治二十三年正月にお屋敷に住み込むことになった。

かつて教祖は「与之助さんと正兵衛さんとは吾《わ》が子のやう思う。何《いず》れは屋敷へ住まはんならんで」と仰せられた。そのお言葉が、ようやく実現したのである。

また、正兵衛の側からいえば、教祖のお言葉を受けて、ついに慕い続けたおぢばでの生活が実現したということになる。

爾来《じらい》、正兵衛はお屋敷において本部会計係を拝命するなど、次々と重責ある要職に就いた。特に、本教の一派独立運動や、北礼拝場などを建築した、いわゆる「大正ふしん」の際には委員として責務を果たしている。そのほか、管内教会の整理員や監督を歴任し、大阪・兵庫・奈良の各府県の組合長を務め、明治四十三年には大阪教務支庁長に任命されている。

押して伺うまでもなく

さて、この表題の逸話に、筆者は二つのことを思う。

正兵衛は、何かにつけて心に疑いが起こったり、身上・事情に苦しむことがあると、いちいち「おさしづ」を仰いだ。それは収録されたものだけでも、四百七十一件の多くに上る。そして、「おさしづ」を仰いで悟り難いことがあると、「押して〳〵」と分かるまで伺い、その一つひとつのお言葉を得心してから実行に移したのである。もちろん正兵衛は、納得したうえは徹頭徹尾、一切のぶれなく神一条に徹しきった信念の人であった。

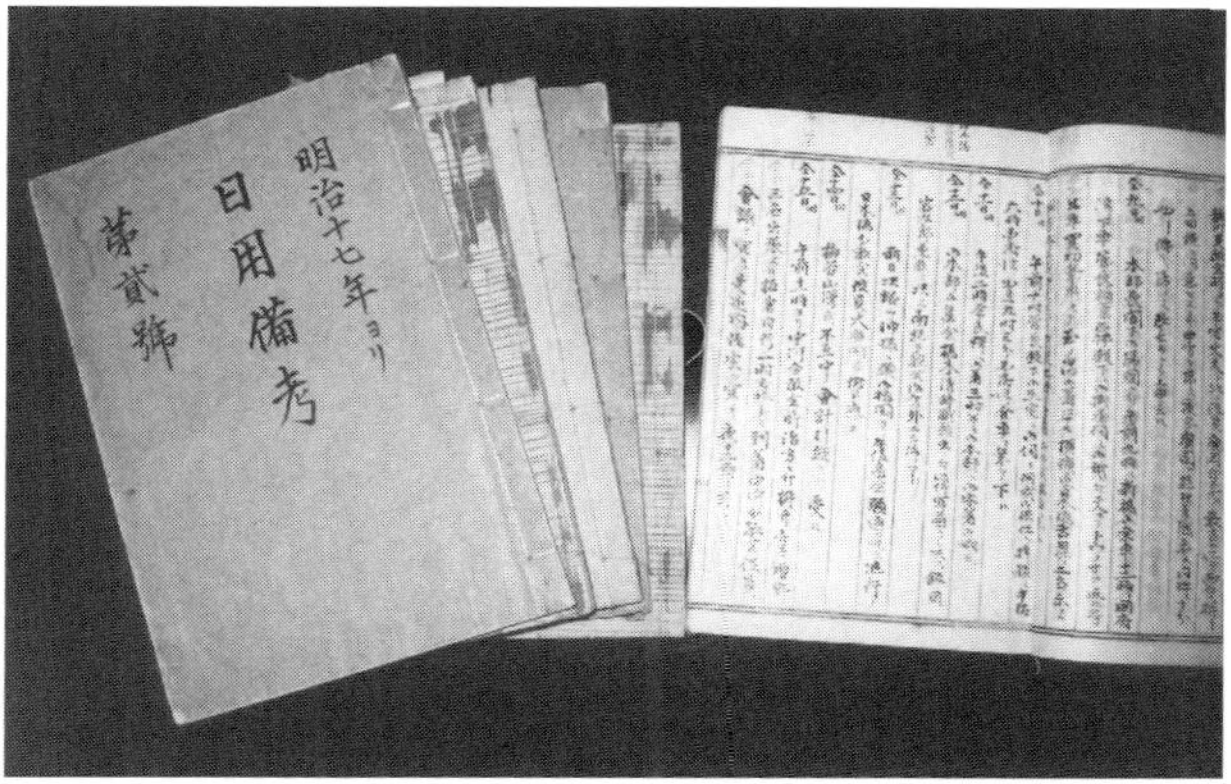

正兵衛が書き残した書物類

そんな正兵衛が、おぢばへの移住については、一言の「おさしづ」で即時に心を定めたのである。それはすなわち、明治十七年に教祖に初めてお目通りをした際、「いずれはこの屋敷へ来んならんで」との前知らせとも思えるお言葉を頂き、その後に現れてくる身上のお手引きと相まって、駄目押しとも思える一言の「おさしづ」に、押して思召《おぼしめし》を仰ぐまでもなく、心が定まったということではないかと思うのである。

現代においても、ご存命の教祖は、私たちにさまざまな形で、前もってのお知らせを下さっている。「今日の姿は、あのときお知らせくださっていた」とつくづく思うことが、誰《だれ》しも大なり小なりあるのではないだろうか。

しかし残念ながら、事情や身上を見せられてから気づくのが常であり、事前に悟れていたら大難を小難に通れたのに、と悔やむことのほうが多い。

私たちはお互いに、前もってのお知らせを敏感に感じ取らせていただき、をやのお心に沿った日々を歩ませていただきたいものである。そのためには、教会へ運び、ご存命の教祖と語り合わせていただくことは欠かせないと思うのである。

また一つは、教祖が正兵衛の押しての伺いに対して、常に温かく根気強くお仕込みくださったお姿に、ようぼくとしての大切な心構えがうかがえる。

あれこれと理屈を並べて、なかなか意に沿ってくれない人が苦手なのは、筆者に限ったことではないだろう。

子供を育てていく中で、また教えを知らない人を導いていく中において、この教祖の根気強い丹精の心に倣《なら》い、身に行わせていただきたいものである。

一六五「高う買うて」

宮田善蔵（一八五五～一九〇七）

■逸話要旨

明治十八年夏、真明組《しんめい》で、お話に感銘して入信した宮田善蔵《みやたぜんぞう》は、今川聖次郎《いまがわせいじろう》の案内でおぢばへ帰り、教祖にお目通りさせていただいた。当時、善蔵は三十一歳、大阪船場《せんば》の塩町《しおまち》通りで足袋《たび》商を営んでいた。

教祖は、結構なお言葉を諄々《じゅんじゅん》とお聞かせくだされた。が、入信早々ではあり、身上にふしぎなたすけをお見せいただいたというわけでもない善蔵は、初めは、世間話でも聞くような調子で、キセルを手にして煙草《たばこ》を吸いながら聞いていたが、いつの間にやらキセルを置き、畳に手を滑らせ、気のついたときには平伏していた。

このとき賜《たまわ》ったお言葉の中で、「商売人はなあ、高《たこ》う買《こ》うて、安う売るのやで」というお言葉だけが、耳に残った。善蔵には、その意味合いが一寸《ちょっと》も分からず、「そんな事をしたら、飯の喰《く》いはぐれやないか。百姓の事は御存知《ごぞんじ》でも、商売のことは一向お分かりでない」と思いながら、家路をたどった。

家の敷居をまたぐやいなや、激しい上げ下《くだ》しとなってきた。早速、医者を呼んで手当をしたが効能はない。そこで、今川の連絡で、真明組講元の井筒梅治郎《いづつうめじろう》に来てもらった。井筒は「おぢばへ初めて帰って、何か不足したのではないか」と問うた。それで、宮田は、教祖のお言葉の意味が納得できない由を告げた。すると、井筒は「神様の仰《お》っしゃるのは、他《ほか》よりも高う仕入れて問屋《といや》を喜ばせ、安う売って顧客《とくい》を喜ばせ、自分は薄口銭《うすこうせん》に満足して通るのが商売の道や、と、諭されたのや」と説き諭した。

善蔵は、これを聞いて初めて、なるほどと得心し、たとえしばらくの間でも心に不足したことを、深くお詫《わ》びした。そうするうちに、上げ下しは、いつの間にやら止まってしまい、ふしぎなたすけを頂いた。

商売にたとえて教えられた陽気ぐらしへの道

宮田幸一郎《みやた・こういちろう》　池田《いけだ》大教会長

嘉永六（一八五三）年、教祖の末女・こかん様は、浪速《なにわ》の町で初めて神名を流された。その二年後の安政二年、善蔵は本町橋《ほんまちばし》東詰南の通称「まがり」（現・大阪市中央区本町橋）で、綿商を営む父・善七、母・ふさの三男として生まれた。

前途を思い悩んで

五歳のとき父を、十三歳のとき母を亡くした善蔵は、兄弟らと銘々《めいめい》奉公に出て、苦労の中で商法を学んだ。

やがて、奉公先から独立した兄弟と協力して、商売の中心地・船場の〝メーンストリート〟

であった堺筋《さかいすじ》沿いに足袋店を出した。そして、善蔵はサトと結婚し、道一条の心定めのきっかけとなる長男・佐蔵《さぞう》を授かったのである。

顧客の接待、商売仲間との交際など不規則な生活を送っていたためか、あるとき善蔵は胃に異常を覚えた。名医と呼ばれる医者に何人もかかったが、皆から匙《さじ》を投げられた。

サトは、藁《わら》にもすがる思いで、どの宗派というわけではなく、素朴な日輪への信仰から、日天様に一心不乱に祈願を込めた。病状は日に日に快方へ向かい、間もなく全快した。明治十八年初頭のことであった。

この年、大阪ではコレラが大流行し、大勢の死者が出た。前年末に大病を患って名医たちから見放された善蔵である。もしもコレラに罹《かか》ってコロリと死んでしまったならば、残された家族は、いったいどうなることであろうかと、前途に不安を覚えた。

ある日、店に出入りしていた染物屋に、思い悩む心の内を何げなく漏《も》らしたところ、「天理さんのお講勤め（講社中が講員の家に集まってするおつとめ）に来てはどうか」と勧められた。その晩、善蔵は初めておつとめを目の当たりにし、説教を聴いた。

翌日、善蔵は染物屋に「お講勤めで二人目の先生のお話を重ねて聴きたい」と伝えた。その先生こそ、近くに住む今川聖次郎であった。

その日のうちに聖次郎の話を聴いた善蔵は、天理王命様が月様日様であり、この世の「元の神」であり、人間の親であることを得心した。

そのことを善蔵から伝え聞いたサトも、昨年末の夫の大患いのとき、毎朝「初穂の水」を日天様に供えて願を掛け、そのお水で薬を煎《せん》じて飲ませて回復できたのは、日天様のご利益《りやく》であり、日様は日天様のことであると悟った。

夫婦は、お道を信仰する心を定め、すぐに自宅へ神様をお祀《まつ》りした。

〝現金至上主義〟が一変

こうして、表題の逸話にある通り、善蔵は初めておぢばへ帰り、教祖から「商売人はなあ、高う買うて、安う売るのやで」とのお言葉を賜ったのである。

そのお言葉に納得できなかった善蔵は、塩町通り（現・堺筋長堀橋《ながほりばし》交差点付近）の自宅へ戻るなり、激しい上げ下しとなった。

その際、真明組講元の井筒梅治郎（芦津大教会初代会長）がおたすけに来て、「あんたは教祖が仰《おっしゃ》ったお言葉を、そのまま鵜呑《うの》みにしているのや。食べ物でも鵜呑みにしたら消化不良になって、あげたりくだしたりするのは当たり前や」とたしなめたうえで、「神様が仰ったお言葉は、無闇《むやみ》に高う買うて、元値を切ってまで安う売ることやない。喜び・喜ばせる売り買いが真の商いの道やと、神様は仰ったのや」と諭した。

この身上の障りによって、善蔵は、話に聞くだけの観念的な信仰から、身に染みて親神様のご守護を感じる信仰、そして〝真の商い〟へと開眼した。

幼少から世間の波にもまれ、他人の飯を食べて成長した善蔵にとって、金銭の尊さは人一倍身に染みていた。「ひとかどの大阪商人」となることを生きがいとし、創業より足袋の生地を問屋から現金で買いつけ、縫屋の工賃を納品のたびに支払うという〝現金至上主義〟を営業方針としていた。

しかし、現金払いの弊害から、心ならずも生地を安く手放す問屋や、現金欲しさに仕方なく安い工賃に甘んじる縫屋があったことは否めなかった。

教祖からお言葉を頂戴《ちょうだい》して以来、善蔵は従来の独特の商法を一変した。現金払いはそのままにして、生地の安値買いを一切やめ、縫屋の工賃を他店と同額に引き上げた。「高う買う」ことに切り換えたのである。

明治三十二年に芦津分教会（当時）へ住み込むまでの間、善蔵は商売のうえで教祖から頂いたお言葉を守り通し、人に喜んでもらう商いを心がけた。おかげで、商売は発展の一途をたどったという。

こんなエピソードがある。当時、足袋底といえば黒か紺の同色が当たり前だった。ところが善蔵は、足袋底を白色にすれば、今日でいう〝ツートン・カラー〟となり、履《は》く人に喜んでもらえるのではないかと製作したところ、これがヒット商品となった。

また、当時の足袋は甲の側の端に付けられたひもを結んで履いていた。現在の金属製のホック「こはぜ」のようなもので留める足袋も一部では用いられていたが、象牙で作られた高価な品であり、一般には普及しなかった。そこで善蔵は、薄い真鍮《しんちゅう》製の〝ホック〟を作り、足袋の後ろを割って、これで留める製品を開発。足元がスッキリして着脱の簡便さが喜ばれ、人気を呼んだそうである。

〝二人三脚〟の布教続け

明治十九年には、長男・佐蔵が原因不明の病で失明、娘のカナがひきつけを起こしたが、いずれも鮮やかなご守護を頂いた。わが子の相次ぐ身上を通して、善蔵は一段と心の成人を進め、教祖にお目通りをさせていただくたびに、その大きな親心に感動し、お屋敷へのつくし・はこびに徹した。

やがて善蔵には、商いをやめて布教に出たいという思いが募ってきた。しかし、家族の行く末や雇い人の処遇などに思い至ると、せっかくの決心も鈍ってしまった。

教祖が現身《うつしみ》をかくされた後、それについて本席・飯降伊蔵を通して「おさしづ」を伺ったところ、「心にほうと思う時はじっと見合《みや》わすがよい」（明治21・6・15）と、善蔵に猶予をお残しくださるとともに、常に布教を心がけて通れという大意のお言葉を頂いた。

善蔵は「長男が二十歳になりますまで、このまま商売を続けさせてください。そのときが参りましたら私一人だけでも、道一条に出るお約束を果たします」と心を定め、つくし・はこびを徹底するとともに、毎晩のように同業者や知人を訪ねてにをいがけをした。

とはいえ、店を空けて何日も遠方へ出ることはできない。代わりに、入信以来の付き合いである聖次郎に、「あなたが遠方へ布教に出たとき、私の分と二人分のつもりで存分の御用をつとめてくだされ」と頼み、旅費から、留守中の聖次郎の家族の面倒まで一切を引き受けた。まさに、心が通じ合った聖次郎との〝二人三脚〟の布教であった。

明治三十二年、〝約束の時〟が間近に迫り、善蔵は本家と合同で会社を設立して商売を整理すると、家族そろって芦津分教会へ伏せ込んだのである。

仕事と信仰の狭間で

さて、表題の逸話は、現代に生きる私たちにとっても示唆《しさ》に富んだ普遍的な教えであると思う。

「高う買うて、安う売るのやで」との教祖のお言葉は、商売人にとって到底納得できるものではないだろう。

実際、初めは善蔵も「そんな事をしたら、飯の喰いはぐれやないか。百姓の事は御存知でも、商売のことは一向お分かりでない」と思っていた。しかし、間もなく身上を見せられ、梅治郎から諭される中で、善蔵は教祖のお言葉の真意に思い至ったのではないか。

商売とは、親神様から頂いたお恵みを人が互いに授受し合うことであり、その受け取り方、渡し方に、いったん己《おのれ》のことを置いて、相手に喜んでもらえるようつとめることが肝要だろう。そこに「互い立て合いたすけ合い」の精神があると思う。

筆者は、教祖のお言葉は、陽気ぐらしへと向かう歩み方を、商売にたとえて教えてくださったものだと思えてならない。だからこそ善蔵は、生涯かけて教祖のお言葉を守り通し、自身のことは後回しにして、人さまに喜んでもらえるよう、真実の限りを尽くしたのではないか。

仕事と信仰の狭間《はざま》にいながらも善蔵の信仰姿勢は、決して揺らいではいない。それは、常に人の喜ぶことを考え、社会で働く中でも人だすけを心がけること。そして、その時々の状況の中で、自分にでき得る限りの精いっぱいの御用をつとめることである。

これこそ現代に生きるようぼくとしての重要な心構えだと思う。

一七四「そっちで力をゆるめたら」

仲野秀信（一八五二〜一九二三）

■逸話要旨

元大和《やまと》小泉《こいずみ》藩でお馬廻《うままわり》役をしていて、柔術や剣道にも相当腕に覚えのあった仲野秀信《なかのひでのぶ》が、ある日おぢばへ帰って、教祖にお目にかかったときのこと。

教祖は「仲野さん、あんたは世界で力強《ちからづよ》やと言われていなさるが、一つ、この手を放してごらん」と仰せになって、仲野の両方の手首をお握りになった。

仲野は、仰せられるままに、最初は少しずつ力を入れて、握られている自分の手を引いてみたが、なかなか離れない。そこで、今度は本気になって、満身の力を両の手に込めて気合諸共《もろとも》ヤッと引き離そうとした。しかし、ご高齢の教祖は、神色自若《しんしょくじじゃく》として、ビクともなさらない。

まだ壮年の仲野は、いまは顔を真っ赤にして、なんとかして引き離そうと、力限り、何度もヤッ、ヤッと試みたが、教祖は依然としてニコニコなさっているだけで、なんの甲斐《かい》もない。

それのみか、驚いたことには、仲野が力を入れて引っ張れば引っ張るほど、だんだん自分の手首が堅く握りしめられて、ついには手首がちぎれるような痛ささえ覚えてきた。さすがの仲野も、ついに耐えきれなくなって「どうも恐れ入りました。お放し願います」と願った。

すると、教祖は「何も、謝らいでもよい。そっちで力をゆるめたら、神も力をゆるめる。そっちで力を入れたら、神も力を入れるのやで。この事は、今だけの事やない程に」と仰せになって、静かに手をお放しになった。

迫害干渉の矢面に立った〝武士道〟

仲野 芳行《なかの・よしゆき》 本部員

秀信は、嘉永五（一八五二）年八月四日、お屋敷から七キロほど西にある大和国添下郡《やまとのくにそえしも》小泉村（現・大和郡山市小泉町）で、父・秀興と母・久江の長男として生まれた。

奇《く》しくもこの年、教祖の三女・おはる様が櫟本《いちのもと》村の梶本家へ嫁がれた。

これがのちに、秀信がお道へ引き寄せられるきっかけとなる。

道場開きをきっかけに

仲野家は代々武士の家柄で、弓術や馬術に優れていた。先祖は、豊臣秀吉の家臣・片桐且元《かたぎりかつもと》の家来で、摂津国《せっつのくに》（現・大阪府）茨木《いばらき》城で仕えた。且元の死後、その甥《おい》に当たる大和小泉藩主に仕えるため小泉村へ移り住み、その後、数代にわたって弓馬の師範を務めたようだ。

そんな家柄から、秀信も柔術、剣術、馬術に秀でていた。学業を了《お》えてからは、いまでいう奈良県警と大阪府警に勤め、柔術や剣術の指導を任されている。

明治十四（一八八一）年、秀信三十歳のころには大阪に道場を開き、その後、三カ所の出張所を開設。三年後には、諸国を巡って指導に当たるようになった。

明治十八年秋、一年以上にわたる〝剣術指導の旅〟を終え、故郷の小泉村へ戻った秀信は、間もなく櫟本村の戸長に頼まれ、櫟本に道場を開いた。そして、ちょうど櫟本分署長が友人だった関係で、同分署の巡査にも稽古《けいこ》をつけることになった。

この道場開きが、お道に出合うきっかけとなる。

同年十二月のある日、櫟本村の梶本おはる様の二男・松次郎様（中山眞之亮・初代真柱様の兄）が道場を訪ねた。その際、当時二十歳の眞之亮様への柔術、剣術の手ほどきを依頼されたのである。

その後しばらくして、櫟本の道場へ何度か通われるようになった眞之亮様から「ここでの稽古も結構だが、お屋敷には若い者が大勢いるので出張して指導していただきたい」と頼まれ、秀信はお屋敷へ出向くようになった。

そして、秀信がお屋敷へ数回足を運んだころ、眞之亮様から「今日は教祖にお会いしていただきたい」と言われたのである。明治十九年陰暦二月十日のことであった。

「神の力」と確信して

こうして表題の逸話にあるように、秀信は初めて教祖にお目通りし、力比べをするのである。ちょうど、この一カ月ほど前には、櫟本分署の巡査がお屋敷へ踏み込み、教祖をはじめ、その場に居合わせた者を連行するという事件が起こっている。いわゆる「最後の御苦労」である。この冬は三十年来の寒さであり、八十九歳のご高齢の教祖が留置されたことは尋常ではない。『逸話篇』一八五「どこい働きに」には「教祖は、櫟本の警察分署からお帰りなされて以来、連日お寝《やす》みになっている事が多かった」と記されている。もしかしたら、眞之亮様が櫟本分署に顔の利く秀信に、お屋敷で稽古をつけるよう頼んだのは、教祖の御身を心配されてのことだったかもしれない。

それにしても、まだ教えに深くふれていない秀信にとって、この日の出来事は驚きだったようだ。

秀信は当時三十五歳で、身長五尺二寸七分（約一六〇センチ）、体重十九貫五百匁《もんめ》（七三キロ）、腕回りは一尺二寸（三六センチ）。頭髪が肩まで伸び、三つ編みにしても余るほどの顎鬚《あごひげ》を蓄えたその風貌《ふうぼう》は、人を寄せつけない迫力に満ちていたという。

ところが秀信は、教祖につかまれた手を渾身《こんしん》の力で引き離そうとするものの、ビクともしないことに恐れ入る。秀信が書き残した手記には「これまで警察に勤め、巡査に剣術を教えるなど、天理教の反対の立場に居る身であるからとの思いも巡ったが、突くことも、引くことも出来ず（中略）教祖のことを狐《きつね》つきの業《わざ》と思っていたが、これまったく神の力に違いないと確信する」とある。

以来、秀信は教祖のもとへ通い、お屋敷に闖入《ちんにゅう》してきた暴徒を度々追い払っている。また、武術の徳分と警察関係者の人脈から、高弟の先生の護衛を兼ねて、各地の巡教に同行することも多かったようだ。

ある日、櫟本分署長から「近ごろ君は天理教へお越しになるが、天理教の内幕はいかがですか」と尋ねられた秀信は、「天理教は誠一条の道である。署長、いつまでもご干渉しないほうがよろしいかと思います」と説得した。

このとき署長は「さようであるか、しからば、もう干渉はやめましょう」と応じている。時には弟子の巡査を連れて、お屋敷へ稽古に来ていたようだ。

明治三十三年、天理教校の開校に伴い、秀信は同校の教員として、生徒に剣術と柔術を教えるようになった。これが〝天理柔道〟の起こりでもある。

あの日以来、常に教祖を慕い続けた秀信は、晩年、豊田山にある教祖のお墓地のお守《も》りに就いた。こうして生涯を終えている。

力比べで示されたこと

さて、表題の逸話だが、実はこのエピソードには続きがある。秀信の手記によると、教祖は力比べの後、「正宗《まさむね》と新刀では、どちらが強いのか」と刀について尋ねられているのだ。

この質問に対し、秀信は「新刀は大量生産ですので、折れたり曲がったりよく致します。正宗は、職人が精神を込めて鍛えてございますから、強うございます」とお答えした。

すると、教祖は「さようかえ、しかし一寸《ちょっと》違いますな。正宗という刀は、何故《なぜ》強いかというと、あちらの人《じん》も寄せ、こちらの人も寄せ、寄せたうえにも寄せ、鍛えたうえにも鍛えてあるゆえ、強いのですぞ」と仰せられた。秀信が真意を測りかねていると、「それでは、とくとお考えなさい」と帰された。

後日、教祖にお伺いすると「世上世界では、あなたは『俺《おれ》ほど偉い者はない』と思っているでしょうが、お前様《まえ》のような力を持ってしても、日本だけでも治めることはできない。この道は世界一れつに通じる道である。そんな小さい道ではない。お前さんに諭したというのは、この道のあちらの話もこちらの話も十分に聞いたうえにも聞き、十分に治め、この道の人におなんなさいという諭しをしたのや」と、仰せくださったのである。

このころは、お道が四方八方へ伸び広がり、お屋敷へ大勢の人が寄り集っていたが、そのほとんどは農民や職人、商人などの庶民であった。すでに明治政府が廃藩置県を断行したことで「武士」という身分階級はなくなっていたものの、その後も、ある意味では〝権力の象徴〟としての「武士」の意識は根強く残っていた。

父が大和小泉藩の藩士であり、自身も剣に生きてきただけに、秀信にも少なからず特権階級的な意識があったのではなかろうか。こうした秀信の心を見抜かれ、教祖は懇《ねんご》ろに諭されたのであろう。さらには、教祖が力比べで秀信を負かすことで、神の前には身分など関係なく、皆すべて可愛《かわい》い子供であることをお示しくださったようにも思えるのである。

この教祖のお言葉が胸に響いたからこそ、秀信は心を低くして通り、お道に対する世間の反対攻撃の矢面に立ち続けたのであろう。これこそ、秀信がのちの半生を懸けて貫いた〝武士道〟である。

では、現代に生きる私たちは、この逸話から、どのようなことが悟れるのだろうか。

教祖は、秀信と力比べをされた際、「そっちで力をゆるめたら、神も力をゆるめる。そっちで力を入れたら、神も力を入れるのやで。この事は、今だけの事やない程に」と仰せられた。これは、神様にもたれて熱心に通れば通るだけ、神様も鮮やかなご守護をお見せくださるという意味に受け取れる。しかし筆者は、「神も力を入れる」とは、何も特別な力を指すお言葉ではないように思うのである。

秀信から数えて筆者で五代目となるが、仲野家では筆者の代でようやく長男が家を継ぐという〝普通の姿〟を見た。これは、教祖に手首をつかんでいただいた元一日、さらには代々が「今だけの事やない程に」との教えを信じて通ったおかげだと感じている。

また、筆者は天理教校に長年勤務させていただいたが、その中で「神も力を入れる」という場面に幾度となく立ち会った。そのほとんどが、「健康であること」「無事であること」へのお働きばかりであったように思う。

日ごろ感謝することを忘れがちな「健康」と「無事」、すなわち〝普通の姿〟は、特別なときほどその大切さに気づくもの。教祖が毎日休むことなく「神も力を入れる」と、お働きくださっているからこそ、日々の〝普通の姿〟があることを心に治めて通りたい。

一八七「ぢば一つに」

諸井国三郎（一八四〇〜一九一八）

■逸話要旨

明治十九年六月、諸《もろ》井《い》国《くに》三郎《さぶろう》は、四女秀《ひで》が三才で出直したとき、あまりに悲しかったので、おぢばへ帰って、「何か違いの点があるかもしれませんから、知らしていただきたい」とお願いした。

すると、教祖は、

「さあ〳〵小児《しょうに》のところ、三才も一生、一生三才の心。ぢば一つに心を寄せよ。ぢば一つに心を寄せれば、四方へ根が張る。四方へ根が張れば、一方流れても三方残る。二方流れても二方残る。太い芽が出るで」と、お言葉を下された。

大節の先に頂く〝宝〟

諸井 道隆 山名《やまな》大教会長
もろい・みちたか

国三郎は天保十一（一八四〇）年、現在の静岡県袋井市《ふくろいし》広岡《ひろおか》の農家に生まれた。十七歳で江戸へ上り、旗本への仕官を果たし、幕末の激動期を侍《さむらい》として生き抜いた。明治元（一八六八）年、維新の世となり、侍をやめた国三郎は、新たに「国利民福《こくりみんぷく》」の理想を抱いて、自ら農業を礎《いしずえ》にした産業を興《おこ》そうと決意。郷里へ帰って養蚕《ようさん》、製糸《せいし》、機業《はたぎょう》を始めた。

三女の身上をたすけられ

そんな国三郎の入信の経緯は、親神様の不思議な手引きによるものとしか思えない。

明治十五年十月十四日、商用で八王子《はちおうじ》へ出張していた番頭が、道中、ひょんなことで知り合った青年を連れてきた。その青年は吉本八十次《きちもとやそじ》と名乗り、しばらく諸井家に住み込んで働くこととなった。

二カ月ほど経《た》ったころ、同じ住み込み人が歯痛で苦しんだ。その様子を見かねた吉本氏は、茶碗《ちゃわん》に水をくみ、天上の月に供えた後、「月日様にお詫《わ》びしましたから」と言って、その水を病人に飲ませた。すると痛みは消え、翌日にはすっかり治ってしまったという。

この話を妻・そのから聞いた国三郎は、吉本氏を呼び出して、不思議な信仰について尋ねた。吉本氏は、自らの眼病を教祖にたすけていただいたこと、大阪真明組の信者であることなどを告げた。

教えを聞いた国三郎は、いたく感銘したが、「自分は経営者であり、借金もあるので、信心するわけにはいかない。ただ、村には病に苦しむ者がほかにもいるので、その者たちをおまえの信心で治してやってほしい」と頼んだ。

この後、吉本氏の祈願によって難病を抱える七、八人が次々とたすけられたが、旧正月が近づくと、吉本氏は「お屋敷の餅《もち》つきがある」と言い残して旅立った。

それから十日ほど経ったある日、国三郎の二歳になる三女・甲子《こうし》が喉気《のどけ》の患いで危篤《きとく》状態に陥《おちい》った。

妻・そのは、一縷《いちる》の望みを託して、「吉本から聞いた天理王命様におすがりするしかない」と国三郎に懇願した。

国三郎は当初こそ反対したものの、妻の強い決意に動かされて心を決めた。二人は家の神棚に向かって「なむ天理王命、これから夫婦ともに信心させていただきます。どうぞ、赤児《あかご》の身上たすけたまえ」と一心不乱に祈った。

すると、娘の容体は好転し、三日後には鮮やかにおたすけいただいた。明治十六年二月一日、国三郎、四十四歳のことであった。

「東の方はあんたに任すで」

この後、国三郎はおぢばへお礼参りに旅立ち、六日かかってお屋敷へ到着。初めて教祖にお目にかかった。

その際、教祖は国三郎と力比べをされ、「神の方には倍の力や」とのお言葉を下された（逸話篇一一八「神の方には」参照）。

国三郎は、教祖にお目通りさせていただいたことを機に、神一条の道を歩む心を固めたのである。

国元へ帰ってからは、かつて吉本氏にたすけられた者たちと講を結成し、国三郎が講元になった。同年三月には、お屋敷から高井直吉、宮森与三郎、井筒梅治郎、立花善吉が派遣され、おつとめの「よろづよ八首」と「一下り目」まで教えてもらった。

これより講名を「遠江《とおとうみ》真明講」と定め、不完全ながら講社づとめを勤めるようになった。

さらに九月、国三郎は二回目のおぢば帰りを果たし、四日間で十二下りすべてを習得。その滞在中、飯降伊蔵先生を通して「国へ帰ってつとめをすれば、国六分の人を寄せる。なれど心次第や」との神様のありがたいお言葉を頂戴《ちょうだい》する。

このお言葉通り、おつとめの理を戴《いただ》いて不思議なたすけが次々と現れ、講社の人数も増え、道は遠州（静岡県西部）一円へ伸び広がっていった。

一方、事業は天候不順などの悪条件が重なって行き詰まりを見せていた。悩んだ末、妻の助言に後押しされ明治十七年一月、ついに事業の一切を畳《たた》んで道一条に踏みきったのである。

国三郎夫婦は家財を売り払って布教費をつくり、おたすけに明け暮れた。そして、教祖から「諸井さん、東の方はあんたに任すで」とのお言葉を頂き、布教範囲を遠州から関東へと広げて東奔西走した。

神一条に歩む中での不幸

表題の逸話は、そんな道一筋に通る道中に突然起きた、悲しい出来事に際してのものである。

明治十九年六月、三歳になった四女・秀は、出産に当たって、教祖から「をびや許し」を頂戴して生まれた子であった（逸話篇一五一「をびや許し」参照）。

それまで風邪一つひかずに丈夫に育ったが、ある朝、にわかに「ひきつけ」を起こし、その日のうちに出直してしまったのである。極貧のさなかであったことから、葬儀を出すことすらままならなかった。

神一条に歩む中で見せられた突然の不幸。国三郎は涙が止まらなかった。「道に尽くしているのになぜなのか」という無念の思いと、信仰に対する迷いには、拭《ぬぐ》い去り難《がた》いものがあったに違いない。

ただちに国三郎はお屋敷を訪ね、教祖に伺いを立てた。しかし、そのとき下されたお言葉は「三才も一生」という予想だにしないものであった。

おそらく国三郎は、このお言葉だけでは、娘が前生のいかなるいんねんによって、あるいはいかなる使命をもって、三歳で一生を終えなければならなかったかを納得することはできなかったであろう。

それでも国三郎は、生涯三歳児のような真っさらな心で、ぢば一つに心を寄せよとの思召《おぼしめし》をそのまま受けとめ、救いの道をぢば一つに求めて、己《おのれ》の迷いを払いのけた。そして、必ず四方へ根が張り、太い芽が出ることを信じて、これまで以上にたすけ一条に徹しきることで、悲しみを乗り越えたのである。

この大節から間もなく、そのは再び妊娠。新たに女児が生まれ、ろくと名づけられた。そして明治二十一年二月、わずか生後十カ月のこの赤児に、国の宝、末代の理として「水のさづけ」を頂戴したのである。このさづけの不思議な効能により、さらに多くの人々がたすけられることになる。

諸井家では、ろくは秀の生まれ替わりと伝えられている。

投げ出さずに道を歩む

国三郎は、娘の出直しの意味を容易に理解できなかったのではないかと筆者は考えている。それでも国三郎は、道を投げ出さずに教祖を信じて通ったのではないだろうか。

『逸話篇』一七一「宝の山」の逸話で、教祖は「山の頂上に上《の》ぼれば、結構なものを頂けるが、途中でけわしい所があると、そこからかえるから、宝が頂けないのやで」と仰せになっている。

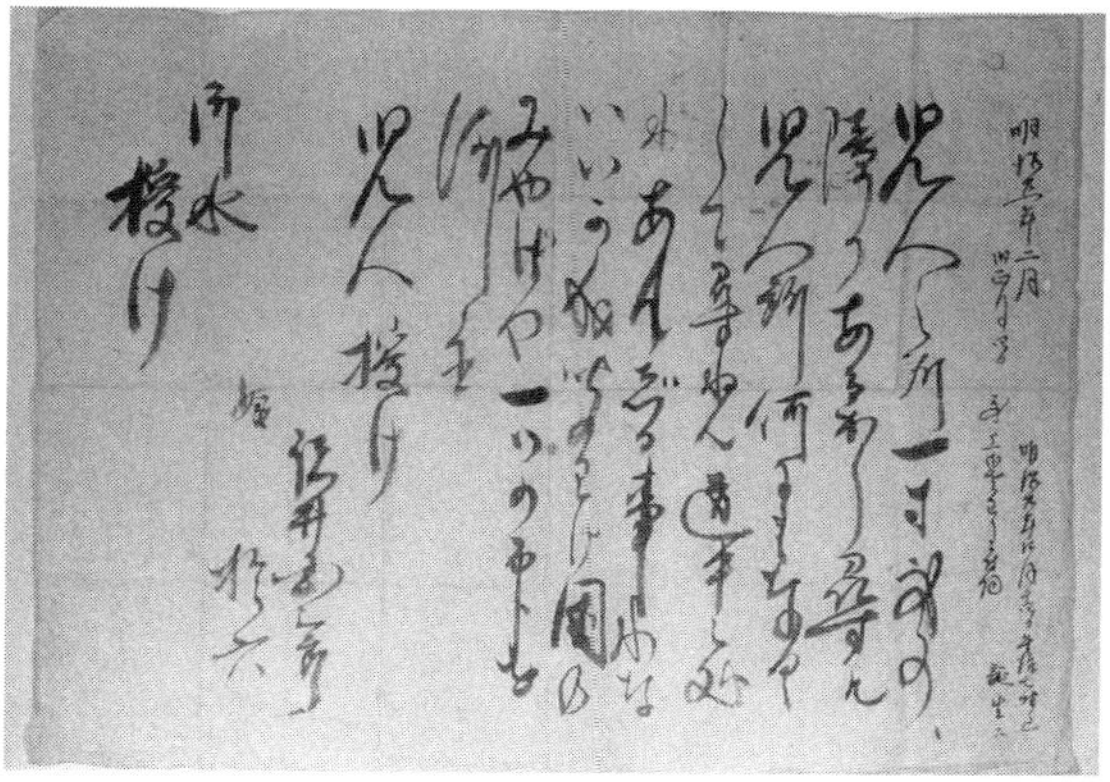

国三郎の五女・ろくが、生後10カ月で「水のさづけ」を戴いた際の「おかきさげ」（山名大教会蔵）

実は、国三郎の口述を書き留めた自伝には、教祖から聞いた話として、全く同じお言葉が残されている。娘の出直しの前か後かは定かでないが、国三郎は教祖から、このお言葉を直接聞いた一人と推測される。

国三郎は晩年、この教祖のお言葉について「たすけ一条に働かしてもらううち、だんだん困難になると、先を案じて途中で元の道に帰って働く人が多いから、いかなる困難にあっても、食わずに死んでもよいという決心をして、たすけ一条の道を働けば、神様がお徳を下さるということを仰せられたのである。（中略）この道は確かな道であるから、やりかかったからには、どうしてもやり通す覚悟で、ついに今日のように結構にさせていただいた」と、娘の出直しをはじめ、数々の大節を乗り越えてきた自身の半生と重ね合わせるように述懐している。

◇

現代においても、さまざまな節をお見せいただくことがある。そのとき私たちは、ややもすれば親神様の思召が理解できず、道を疑ったり、迷ったりすることがあるかもしれない。しかし、どんなに困難な状況にあっても、国三郎のように決して諦《あきら》めず、投げ出さずに、信じた道を進み続けることが、のちの結実をお見せいただく確かな歩みだと思うのである。

一九〇「この道は」

松村吉太郎（一八六七〜一九五二）

■逸話要旨

明治十九年夏、松村吉太郎《まつむらきちたろう》がお屋敷へ帰らせていただいたときのこと。

多少学問の素養などもあった松村の目には、当時、お屋敷へ寄り集う人々の中に見受けられる無学さや、あまりにも粗野《そや》な振る舞いなどが異様に思われ、軽侮《けいぶ》の念すら感じていた。

あるとき教祖にお目通りすると、教祖は「この道は、知恵学問の道やない。来る者に来《き》なと言わん。来《こ》ぬ者に、無理に来いと言わんのや」と仰せになった。

このお言葉を承って、松村は心の底から高慢のさんげをし、ぢばの理の尊さを心に深く感銘したのであった。

ひながた追い求めた〝誠真実の人〟

松村 義司　本部准員・高安《たかやす》大教会長
まつむら・よしじ

吉太郎は慶応三（一八六七）年二月十日、河内国教興寺《かわちのくにきょうこうじ》村（現・大阪府八尾《やお》市教興寺）で、父・栄治郎《えいじろう》と母・さくの長男として生まれた。栄治郎は、淀《よど》藩より名字帯刀を許され、庄屋を務めるなど、土地の有力者であった。さくは大和国平等寺《やまとのくにびょうどうじ》村（現・生駒郡平群《へぐり》町平等寺）の小《こ》東《ひがし》家の生まれで、教祖の長男である秀司様の妻・まつゑ様の姉に当たる。

松村家の信仰は明治四（一八七一）年、さくが当時「たちやまい」といわれた病気を患って重体となった際、お屋敷へ帰って教祖におたすけいただいたことに始まる（逸話篇二三「たちやまいのおたすけ」参照）。

入信後は、夫婦で事あるたびにお屋敷へ帰り、信仰を深めていった。

明治十五年、さくが痛風症（現在のリウマチ）を患った際には、教祖が河内の自宅までお出ましくださり、三日間の滞在中、自ら手厚くお世話くだされて、おたすけいただくという大きな親心を頂戴《ちょうだい》している（同一〇二「私が見舞いに」参照）。

医薬捨てて信心の道へ

このような両親の熱心な信仰により、幼少のころは、おぢばへ連れて帰ってもらっていた吉太郎だが、普通教育を了《お》えると私塾で漢学を学び、十七歳で南高安村役場に勤務した。生来、利発で理屈っぽい性格の吉太郎は、自分の知識や理性で判断して不合理と思える信仰には背を向け、おぢばから来た人を理屈で言い負かすこともあった。

ところが明治十九年、吉太郎二十歳のとき、肺病に近い肋膜《ろくまく》炎を患った。家族から入信を勧められても当初は医者の言葉のみを信じ、頑《かたく》なに拒んでいたが、病が悪化して万策尽きたので、ついに「それでは試しに入信してみよう」と言った。

その際、村内の講社の人から、「人間でも、加減見にものを頼んでも、誰《だれ》も本気で聞いてはくれない。神様も同様で、加減見に信心しても十分なご守護は頂戴できない」と諭された。

これに深く得心した吉太郎は、薬をゴミ箱に捨て、生涯お道を通る心を定めた。そして、講社の人々に三日三夜《みっかみよさ》のお願いづとめを二度繰り返してもらい、全快のご守護を頂いたのである。

以来、熱心に信仰するようになった吉太郎は、毎週、役場勤務の明ける土曜日午後からおぢばへ帰った。そして、日曜日の昼はお屋敷のひのきしんに汗を流し、夜に教理の取り次ぎを受けた後、月曜日未明に河内まで戻るのが常であった。

心持ちを見透かされて

表題の逸話は、こうして吉太郎が、お屋敷へ足を運ぶようになって間もなくの出来事である。

当時、お屋敷に詰めていた人々は、主に近在の農家で、学問を修めていない人が多かった。吉太郎には、教理の話は別として、普段交わす会話は教養のない粗野なものに感じられ、心密《ひそ》かに軽蔑《けいべつ》の目を向けていた。

そんな吉太郎の心持ちを見透かされた教祖から、「この道は、知恵学問の道やない。来る者に来なと言わん。来ぬ者に、無理に来いと言わんのや」とのお言葉を頂戴したのである。

このお言葉に胸を打たれた吉太郎は、自分が軽侮していた人たちこそが、笑われ誹《そし》られる中でも素直に教祖のお言葉に従い、わが身を忘れてお屋敷に伏せ込む〝道の先達〟だと思い知り、人間性の奥にあるものに目を向け始めたのである。

この後、吉太郎は、明治二十一年一月八日に身上にお手入れを頂いたので、「おさしづ」を伺ったところ、「天理王命というは、五十年前《ぜん》より誠の理である。こゝに一つの処《ところ》、天理王命という原因は、元無い人間を拵《こしら》えた神一条である。（中略）ほん何でもない百姓家《や》の者、何にも知らん女一人《いちにん》。何でもない者や。それだめの教《おしえ》を説くという処の理を聞き分け。何処《どこ》へ見に行ったでなし、何習《なろ》うたやなし、女の処入り込んで理を弘《ひろ》める処、よう聞き分けてくれ」と、「月日のやしろ」たる教祖の御《み》教えを信じて神一条の信念で通ることをお諭しいただいた。そして、これに続く一連の「おさしづ」によって「水のさづけ」を頂戴したのである。

吉太郎は同年、教会本部設置の出願のために東京まで出向かれた中山眞之亮・初代真柱様に

吉太郎直筆の書。「命懸真剣」とは、吉太郎が信念とした言葉

随行した。その際、役場の仕事を辞めて道一条となり、本部に勤めて、主に事務や渉外の役目を担わせていただいた。

神一条に徹した生涯

吉太郎は、明治二十二年のある日、急に左右の目尻がただれて、焼けつくように痛みだした。

早速「おさしづ」を伺ったところ、「事情、所にも一つの理は治めにゃなろまい、治めさゝねばならん。（中略）一つ理は成程《なるほど》事情治まるなら、真実理も鮮やかであろう」（明治22・1・26）との仰せであった。

その場にいた取次《とりつぎ》の人々は「それは、松村さん、教会を設置しなければいかん。所にも一つの理を治めると、おっしゃってるやないか」と口々に言った。しかし、吉太郎は「信徒の一戸もないのに、どうして教会できるのや。地元では、おやじも私もまだ一日も布教したことがない」と得心がいかなかった。

そこで、重ねて「おさしづ」を伺うと、「さあ〳〵国所に一つの理の治め、ぢばにて尽《つく》す、二つの理を一つの心に治め。これを心の道を合わせて通れば、身上も速やかであろう」（明治22・1・29）と、本部勤務とともに、地元で教会を設立し、たすけ一条の御用を果たすようにと仰せいただいた。

吉太郎には、自分がにをいを掛けた信者や講社がなかったので、河内近在の松村家に関係する講社をまとめて高安分教会を設立。吉太郎が初代会長を務めることになったのである。

分教会の特殊な設立事情もあってか、その後は教会が一手一つに治まるための苦心や、神殿普請の負債などの苦労が続いた。

吉太郎は、教会設立時の事情に際し、神一条に徹する心を定めた誓文を書いている。それを肌身離さず腹に締めて、朝に夕に契約の個条に背いていないか自問していた。

そうした中で、明治二十二年に栄治郎が出直した直後、吉太郎自身も赤痢《せきり》の身上を見せられたことをきっかけに、松村家の土地財産をすべて手放している。

こうして吉太郎は、髙安分教会の発展に尽くす一方、本部では、明治四十一年の本教の一派独立への請願運動などに携わった。

◇

さて、こうして吉太郎の歩みを振り返ると、教祖の「知恵学問の道でない」とのお言葉を、いかに大事にして通ったかが分かる。

入信間もない吉太郎は、まだ癖性分《くせしょうぶん》が抜けていなかったが、表題の逸話の教祖のお言葉を契機に、そしてのちに頂く「おさしづ」の数々を通して、だんだんと神一条に徹する誠真実の心へと切り替わっている。何事も合理的に考えがちだった吉太郎が、誠真実の心で仕事を捨て、家柄や学識、財産を投げ打てたのは、教祖のひながたが心にあったからではないだろうか。

いつの時代も、日々の生活や人生の局面において、人間思案の常識を乗り越え、親神様・教祖を信じきって、愚直にひながたの道をたどり、御教えを実践することが何よりも大切だと、あらためて教えられるのである。

〝逸話《いつわ》のこころ〟たずねて　現代《げんだい》に生《い》きる教祖《おやさま》のおしえ

立教176年（2013年）10月 1 日　初版第 1 刷発行
立教177年（2014年） 4 月26日　初版第 2 刷発行

編　者　天理教道友社

発行所　天理教道友社
〒632-8686　奈良県天理市三島町271
電話　0743（62）5388
振替　00900-7-10367

印刷所　株式会社天理時報社
〒632-0083　奈良県天理市稲葉町80

ISBN978-4-8073-0579-7
定価はカバーに表示